몸과 마음을 살리는
행복공간
**라운징**

몸과 마음을 살리는 행복공간

# 라운징

이상현 지음

프런티어

| 일러두기 |
본문 사진 중
106쪽 사진(출처: blog.naver.com/this1074/20114810344),
148쪽 사진(출처: hhpss.blog.me/10138878329),
210쪽 사진(출처: sitenewyork.drupalgardens.com/content/highway-86)
각 저작권자가 연락이 닿지 않아 사용 허락을 받지 못했습니다.
차후 계속해서 저작권자의 허락을 구하도록 하겠습니다.

일상 속
다락방을
찾아서

내 인생 최초로 가진 나만의 공간은 바로 다락이었다. 어릴 때 나는 그곳을 자주 드나들었다. 막내인 나는 그곳에서 형과 누이들이 까맣게 잊어버린 그들의 청소년기 흔적들을 만날 수 있었다. 안방 아랫목에 난 작은 문 그리고 이어 가파른 몇 개의 계단과 연결된 다락엔 그들의 청소년기가 고스란히 담긴 일기장이며, 미술대회에 출품했던 그림이며, 또 낡은 교과서 따위가 어지러이 쌓여 있던 것이다.

하지만 내가 다락에 찾아 든 것은 거기에 그런 물건들이 있었기 때문은 아니었다. 그 시절 나는 나만의 공간을 절실히 열망하고 있었고 다락은 바로 그러한 내 열망을 채워주는 공간이었기 때문이다.

아파트가 보편화되어 있는 요즘 세상에선 다락을 쉬이 만날 수가 없다. 오래된 단독주택에서나 겨우 볼 수 있을까. 다락은 우리나라 주택에서만 발견되는 특별한 공간이다. 다락이 있으려면 기본적으로 온돌을 사용하는 주택이어야 하기 때문이다.

온돌을 덥히기 위해선 어디선가 불을 때서 그 열기를 방으로 들여보내야 하는데 이런 기능을 하는 것이 바로 부뚜막이다. 부뚜막에서 땔감이 타면서 발생한 열기는 고래를 통해 방바닥을 떠받치고 있는 구들을 데우게 된다. 부뚜막에서 땐 불이 쉽게 고래로 빨려들게 하기 위해선 고래가 부뚜막보다 위에 있어야 한다. 그래야만 뜨거운 열기가 위로 올라가면서 자연스럽게 고래를 타고 방 안으로 흘러들어갈 수 있기 때문이다. 이러다 보니 구조상 부뚜막은 방바닥보다 낮은 바닥 높이를 가지게 된다.

방바닥보다 낮아지게 된 부엌 상부엔 빈 공간이 생기게 된다. 이런 공간을 그냥 놀리지 않으려고 우리는 오래전부터 그곳에 작은 방을 마련하거나 잡다한 물건을 저장하는 공간으로 사용해왔던 것이다. 그게 바로 다락이다.

유년기를 벗어나 나만의 공간을 찾던 내게 다락은 가장 알맞은 장소였던 것 같다. 아마도 그때 나는 거기서 이 책의 주제가 되고 있는 '라운징Lounging'을 처음 경험한 셈인지도 모른다. 라운징은 'Lounge'에 진행형 접미사 'ing'를 더한 신조어다. 사람을 만나고 쉬는 라운지와 같은 공적 공간에서 타인과 함께 있되 불편함을 느끼지 않을 정도의 심리적 거리를 확보하며 몸과 마음을 가볍게 하는 것을 의미한다.

어머니가 지키는 안방에서 안전함을 느낄 수 있었다면 다락에선 가족들의 지나친 관심으로부터 자유로울 수 있었다. 다락은 그야말로 공간적으로 격리되고 시간적으로 유리된 나만의 공간과 시간을 제공하는 장소였다. 그곳에서 찾을 수 있는 것은 단순히 나만의 공간이 아니었다. 외부 세상을 한층 순화시켜 받아들일 수 있는 공간이기도 했다. 다락 한쪽에 뚫려 있는 창이 그런 역할을 했다. 나는 가장 안전한 공간인 다락에서 창문 너머 뛰어노는 또래들과 지나가는 어른들의 모습을 구경할 수가 있었다. 세상에 대한 낯가림이 아직 심했던 마음 여린 나로선 조금 순한 방식으로 바깥세상과 어울리고 싶었다.

혼자 집에 있을 때는 더욱 그랬다. 어린아이에겐 혼자 집에 있는 것만큼 무서운 것도 없고 또 혼자 집에 있는 것만큼 심심한 일도 없는 법이다. 다락에 올라가면 무서움이 좀 가셨고 밖을 내다

보면 덜 심심해지곤 했다. 다락은 내가 외부 세계와의 접촉을 조절할 수 있는 공간이자 또 안전하다 느끼는 동시에 혼자라는 외로움을 떨치고 위안을 얻을 수 있는 공간이었다.

사람이 안전감과 함께 위안을 얻기 위해선 공간에 대한 통제력을 어느 정도 확보할 수 있어야 한다. 혼자만의 공간을 누리면서도 원한다면 타인과 어울릴 수 있고, 또 타인과 함께하면서도 혼자만의 공간을 쉬이 찾을 수 있는 가능성이 열려 있어야 한다. 다시 말해 원하는 대로 사회적 교류의 양과 질을 조절할 수 있어야 한다는 것이다. 내가 다락방에서 그럴 수 있었던 것처럼.

내 다락방은 단순히 안전감과 위안을 주는 장소만은 아니었다. 그곳은 막내둥이 소년이 공간의 주인이 되어보는 경험을 할 수 있는 장소이기도 했다. 다락방의 주인이 된 나는 거기에 놓인 모든 물건을 맘대로 거느렸다. 그리고 그 모든 물건들을 상대로 하는 대장 놀이가 지루해질 때면 형과 누이의 일기장을 꺼내들었다. 나는 그들의 일기장을 통해 나와 동떨어진 세계에 살고 있는 낯선 '다른 나'가 되어볼 수 있었다.

이후 어른이 된 뒤에도 장소에 집착하는 내 습성은 그대로 이어져 나로 하여금 이미 사라져버린 다락 대신 다른 공간을 계속 찾아다니게 만들었다. 나에게 안전감과 위안을 주는 동시에 공간의 주인이 될 수도 있고 '다른 나'를 꿈꿀 수도 있는 그런 공간을……

곳곳에서 그런 공간들을 만날 수 있었다. 대학도서관 서고에서, 캠핑장 텐트 안에서, 그리고 카페 등에서도 나는 다락방을 다시 만났던 것이다. 지친 일상을 뒤로하고 찾아간 그 공간들에서 나는 편안하게 휴식을 취하면서 충분한 만족감과 더불어 위안을 얻을 수 있었다.

다락방은 의외로 많은 곳에 있었다. 주위에 있지만 우리가 평소 잘 인식하지 못하는 쉼터 같은 은밀한 공간들. 이제부터 나는 마음속에 차곡차곡 쌓아둔 그 공간들에 대한 이야기를 꺼내보려 한다.

이상현

# CONTENTS

# 공간, 마음을 껴안다

라운지와
커피숍
그리고
카페

## 1870년 프랑스 파리 르그랑호텔 라운지

1870년 프랑스 파리 르그랑호텔. 대혁명 이후 사회 주류로 부상한 부르주아들이 르그랑호텔 라운지에 모여 늦은 아침과 커피를 즐기고 있다. 안면이 있는 사람들과 서로서로 눈인사를 나눈다. 그러면서 라운지에 새로이 모습을 드러낸 낯선 인물을 슬쩍 쳐다보기도 한다. 이들에게 라운지는 마치 자신이 얼마나 부유하고 교양 있는 사람인지를 알리는 무대 또는 전시장과도 같다.

이들은 하나의 특권을 누리고 있다. 그 특권이란 매일매일 땀 흘려 일하지 않아도 된다는 것. 물론 이전에도 땀 흘려 일하지 않아도 되는 사람들이 있긴 있었다. 왕족과 귀족, 성직자가 바로 그들이다. 날마다 땀 흘려 일하지 않아도 된다는 점에서 왕족과 귀족, 성직자 그리고 부르주아는 동일하지만 이 두 그룹 간엔 큰 차이가 있다. 전자에겐 신분제도라는 강력하고 확고한 장치가 있었지만 부르주아에겐 그런 것이 뒷받침되지 않았다는 것이다. 대신 그들은 일하지 않고 마냥 빈둥거려도 삶을 영위하게 해주는 무언가가 있었다. 그것은 바로 돈이었다.

돈이란 써버리면 없어지는 것이다. 르그랑호텔 라운지의 부르주아들이 일하지 않고 매일 놀기만 한다면 언젠가는 그 여유롭고 사치스러운 생활을 더 이상 누리지 못하게 될 것이다. 왕족이나 귀족과 다르게 부르주아는 이런 운명을 지니고 있다. 왕족이나 귀족은 태어날 때부터 보장되는 신분 덕분에 자신의 특별한 삶을 유지하는 데 별 어려움이 없다. 이들은 미래를 걱정할 필요가 없는 것이다. 한 번 왕족이면 영원한 왕족이니까. 귀족 또한 마찬가지다.

아무리 돈을 많이 가진 부르주아라 해도 그들의 미래가 보장되진 않는다. 하지만 그들에게도 미래에 대한 큰 걱정 없이 호텔 라운지에서 빈둥거려도 될 만큼 믿을 만한 구석이 있긴 있다. 그들에겐 돈뿐 아니라 돈을 버는 장치가 있기 때문이다. 그 장치란 농장일 수도 있고 공장일 수도 있으며 사채업이 될 수도 있다. 그 무엇이 됐든 이들에겐 돈이 있고 또한 그런 돈을 끊임없이 대주는 마법의 장치들이 있었다. 왕족이나 귀족이라는 신분은 없지만 그에 못지않은 자신의 사회적 지위를 보장해주는 장치가 있었기에 그들은 호텔 라운지에서 빈둥거리는 생활을 즐길 수 있게 된 것이다.

파리 르그랑호텔 라운지엔 그러한 많은 부르주아들이 여가를 보내기 위해 날마다 모여든다. 사실 그들이 여가를 즐길 수 있는 방식은 다양했을 것이다. 가까운 숲으로 사냥을 나갈 수도 있었을 것이고 아니면 좀 더 먼 곳으로 여행을 떠날 수도 있었을 것이다. 하지만 사냥이나 여행 같은 것은 일상적으로 즐기기

엔 부적절했다. 그 첫 번째 이유는 육체적으로 지나치게 피로해
진다는 것이고, 두 번째 이유는 매일매일 땀 흘려 일할 것까진
없지만 그들이 최소한의 시간을 투자해 직접 그 돈 버는 장치를
관리할 필요가 있었기 때문이다. 이런 이유로 그들은 자신의 근
거지에서 멀리 떨어지지 않은 여가를 즐길 수 있는 장소를 선호
했다.

호텔 라운지가 부르주아를 불러모은 이유는 그것이 다가 아
니다. 그곳은 부르주아들이 자신들이 얻은 부를 자연스럽게 과
시할 수 있는 공간이었다. 라운지 바깥세상엔 교양 운운하면서
부르주아를 저속하다고 헐뜯는 궁색한 귀족들도 있었다. 하지만
라운지 안은 달랐다. 그런 비난이 흘러든다 해도 그것은 이내 코
웃음으로 받아넘길 만한 사소한 일이 되었다. 마치 궁정 무도회
의 귀족들처럼 부르주아는 라운지에서만큼은 가장 중요하고 돋
보이는 인물이 될 수 있었기 때문이다. 호텔 라운지에서 부르주
아들은 서로가 서로를 비추는 거울이 되었을 것이다. 《백설공
주》에 나오는 왕비의 거울 말이다. 매일 그들은 거울에게 묻는
것이다. "거울아, 거울아, 이 세상에서 누가 가장 돈을 잘 벌까?"

호텔 라운지의 또 다른 매력은 자신 말고도 돈을 잘 버는 많은
사람들을 만나볼 수 있다는 점이다. 부르주아는 현재 소유한 것
이상의 장치를 얻을 수 있는 기회를 그곳의 다른 부르주아로부터

찾기도 한다. 자신이 가진 것과 다른 장치로 돈을 버는 이의 얘기를 들으면서 자신도 언젠가는 저런 멋진 장치를 장만해야지 하는 생각에 빠지는 것이다. 즉 사업 영역을 확장하고 싶은 바람에 사로잡힌다는 것인데 그러면서 그들은 그 바람이 곧 이뤄질 것이라는 생각에 또 한 번 즐거운 입맛을 다신다.

호텔 라운지에선 필요한 만큼의 사람만을 접촉할 수가 있다. 좀 심심하거나 외롭다 싶으면 평소보다 더 많은 수의 사람과 인사를 나눌 수도 있다. 반면 사람 만나는 일에 좀 지친다 싶으면 라운지에서도 좀 호젓한 장소를 택해 번잡함을 피할 수도 있다. 하지만 어느 쪽이든 다른 이들과 어울리고 있다는 느낌은 늘 유지한다.

당시 호텔 라운지는 그런 곳이었다. 부르주아들이 서로 어울리면서 경제적 부를 과시하고 동시에 정보를 얻은 뒤 다른 영역으로의 모색을 꿈꿀 수 있는 그런 곳. 그런데 특이한 점이 한 가지 있다. 라운지에 있던 사람들이 거의 남자였다는 점이다. 이들 남자 부르주아의 여자들은 과연 어디에 있던 것일까?

1800년대 초만 해도 여자들은 공공장소에 모습을 드러낼 수 없었다. 공공장소는 남자들만이 드나들 수 있던 것이다. 여자가 공공장소에 드나들려면 남자와 동행해야만 했다. 그 시대 여자는 공공장소에 있다 해도 보이지 않는 존재와 마찬가지였다. 하지만 남성이든 여성이든 부르주아라면 매일매일 땀 흘려 일하지 않아도 되는 것은 마찬가지였을 것이다. 그렇다면 부르주아 여인들은 그들의 여가를 어떻게 보냈을까? 그녀들에겐 그녀들만의 라운지가 따로 있었다.

1870년 프랑스 파리 봉마르셰. 세계 최초의 백화점으로 알려진 봉마르셰는 세상의 모든 물건을 파는 곳이었다. 값비싸고 진기한 물건들이 건물을 가득 채우고 있었다. 부르주아 여인들은 바로 이곳에서 쇼핑을 즐겼다. 봉마르셰의 기능은 단순히 물건을 사고파는 데만 머무르지 않았다. 봉마르셰는 부르주아 여인들이 쇼핑을 하다 쉴 수 있는 장소를 제공하기도 했다. 그리고 한 걸음 더 나아갔다. 그곳을 르그랑호텔의 라운지처럼 만들어 여인들의 사교 장소가 되도록 한 것이다. 기본적으로 부르주아 여인들이 느긋하게 쉬면서 대화를 나눌 수 있는 장소이긴 했지만 그곳에선 여인들을 위한 곳인 만큼 부가적인 이벤트도 제공됐다. 음악회를 열기도 하고 때로 고상한 상류층 여인이 되려면 갖춰야 할 교양을 전수하는 장소가 되기도 했다.

봉마르셰 라운지에서 부르주아 여인들은 서로가 서로를 비추는 거울이 되어주었고 여인들은 이렇게 물어봤다. "거울아, 거울아, 누가 가장 고상하고 예쁘지?" 봉마르셰 라운지는 그런 곳이었다. 부르주아 여인들이 서로 어울리며 자신의 고상함과 아

름다움을 과시하는 한편, 다른 여인이 가지고 있는 매력을 훔치
는 걸 꿈꾸는 그런 곳.

## 1931년 경성 화신백화점 커피숍

1931년 화신백화점 커피숍. 경성에서 이른바 잘나가는 사람이라
면 이젠 더 이상 교외로 나가지 않는다. 뚝섬이든 어디든 일요일
이면 교외로 나가 휴식을 찾던 이들이 화신백화점 커피숍으로 모
여든다. 한적한 교외가 아닌, 물건을 사고 구경을 하러 모여든 많
은 인파 속에서 커피를 즐기며 색다른 휴식을 찾는 특권을 즐긴
다. 당시 화신백화점 커피숍은 아무나 이용할 수 있는 곳이 아니
었다. 비싼 커피를 사먹으며 여가를 즐길 만한 경제적이고 시간
적인 여유를 가지고 있어야만 했다.

김기림은 당시 〈조선일보〉의 '도시풍경'이란 지면을 통해 화
신백화점 커피숍과 같은 장소에서 커피를 마시는 사람들에 대해
이렇게 얘기한다. 사람들은 자연의 맑은 공기를 마다하고 혼탁
한 공기가 가득 찬 실내에서 가짜로 꾸며놓은 나무 장식 아래 쓴
맛만 돌 뿐인 커피를 쪽쪽 빨고 있다고.

지식인은 대중의 기호에 인색하기가 쉽다. 일제강점기의 김

기림도 마찬가지였다. 화신백화점 커피숍에서 커피를 즐기는 이들을 허식에 빠진 어리석은 속물이라 비웃어주고 싶어 한다. 하지만 당시 그곳 사람들이 구매한 것은 커피가 아니고 바로 그 허식이었다.

사람들은 허식 때문에 화신백화점을 찾았고 또 커피를 즐겼다. '아무나 들어올 수 없는 곳'이며 '아무나 즐길 수 없는 것'이라는 특수성 덕분에 그들은 마음껏 허식을 연출할 수 있었다. 애초부터 그들이 그곳을 찾은 이유가 바로 그것이다. 아무나 오기엔 경제적으로 부담이 되는 곳이기 때문이다. 그런 것을 즐겨야 고상해보일 수 있기 때문이다. 또한 커피에는 서양의 문화가 겹쳐져 있었고 커피를 마신다는 건 그 문화를 흡입하는 것이었다. 그곳에서의 커피 즐기기는 여러 모로 당시 모던 보이들이 가장 체득하고 싶어 했던 허식 중의 하나였다.

1931년 화신백화점 커피숍을 찾은 사람들은 커피를 마시면서 왕이라도 된 느낌을 가졌을 것이다. 아무나 올 수 없는 그 장소에서 경제적 부와 함께 속물 연습 끝에 얻어진, 커피에 대한 미각을 가진 자만이 연출할 수 있는 포즈를 취했을 것이다. 그들은 공간의 주인공이 되는 희열을 만끽했을 것이다. 때로 그 무대에 등장한 다른 주인공의 삶을 상상해보는 또 다른 즐거움에 빠지기도 하면서 다른 이들과의 교류를 즐겼을 것이다.

한편 이들을 속물로 보는 지식인들에겐 미쓰코시백화점 옥상 커피숍이 있었다. 소설가 이상은 그의 단편소설 〈날개〉에서 이렇게 얘기한다. 경성 시내 어디를 들입다 쏘다녔는지 모르겠지만 어느 새인가 미쓰코시백화점 옥상 커피숍에 있는 자신을 발견했다고. 몽롱함에 빠져 아무런 생각도 나지 않았고, 다만 정오를 알리는 사이렌 소리를 듣고서야 자신을 둘러싸고 있는 도시와 사람들의 수선함을 깨달았다고. 이상에게 미쓰코시백화점 옥상 커피숍은 몽롱한 자신만의 세계에 빠져들 수 있는 곳이자 주변의 어수선함을 즐길 수 있는 장소였는지 모른다.

당시 화신백화점 커피숍엔 새로운 공간에서 새로운 맛을 즐기는 유한계층들이, 미쓰코시백화점 옥상 커피숍엔 새로운 시대의 공기를 즐기는 모던 보이와 모던 걸들이 나타났다. 어느 쪽이 더 속물인지는 모르겠으나 이쪽이든 저쪽이든 자신들에게 주어진 여유를 감당하고자 밀려나온 것만은 틀림없다. 르그랑호텔의 부르주아 남성과 봉마르셰의 부르주아 여인들처럼.

## 2015년 서울 청담동 카페

2015년 서울 청담동 스타벅스. 건물의 위치부터 남다르다. 서울에서도 가장 비싼 편에 속하는 땅이니까. 건물의 꾸밈새 또한 다른 지역의 건물이 따라오기 어려울 정도로 화려하다. 실내 장식도 마찬가지다.

많은 사람들로 북적이는 이 카페에서 혼자 커피를 마시는 한 젊은 여자가 있다. 그녀는 시급 5,000원짜리 아르바이트를 하는 이른바 '88만원 세대'다. 그녀는 하루 수입의 절반에 가까운 비용을 들여 이곳에서 커피를 마시고 있다. 그녀가 이곳에서 구매한 것은 분명 커피만은 아닐 것이다. 스타벅스라는 공간이 주는 힐링이 포함되어 있는 것이다. 스타벅스에서 커피를 마시며 이 사회가 자신을 위해 봉사한다는 느낌을 가질 때 그녀는 자신이 의미 있게 살아 있음을 확인한단다. 커피를 마시는 그 시간만큼은 왠지 사회에서 함부로 취급받는 듯한 느낌의 '알바 인생'에서 벗어날 수 있다는 것이다.

르그랑호텔과 봉마르셰의 라운지, 화신백화점 커피숍, 미쓰코시백화점 옥상 커피숍. 거기엔 갈 만한 사람들이 갔었다. 시간적으로나 경제적으로 여유가 있는 자들 말이다. 당시에도 경제적 여유가 없지만 돈을 모아, 또 시간을 억지로라도 내서 거기를 찾아갈 수도 있었을 것이다. 그러나 그런 사람들은 없었다.

르그랑호텔이나 봉마르셰백화점의 라운지는 경제적 여유와 시간적 여유가 있는 일부 계층이 자신의 경제적 부를 과시하는

청담동 카페

공간이었다. 왕족이나 귀족 같은 특별한 계층이 아니어도 공공
의 장소에 모습을 드러내 자신이 이 세상에 아주 근사하게 존재
하고 있음을 알리는 장소였다. 라운지의 부르주아들은 자신의
가치를 세상에 내보임으로써 정신적 만족을 얻어갈 수 있었다.
어찌 보면 호텔이나 백화점의 라운지는 그들의 정신 건강을 위해
반드시 필요한 장소였을지 모른다. 그들이 왕과 귀족을 대신해
사회의 새로운 주류 세력으로 떠오른 것은 사실이지만 그 사실을
드러내줄 마땅한 무대가 없다면 그들의 만족감은 반감됐을 것이
기 때문이다.

가진 걸 드러내놓고 자랑하고 싶은 감정은 동서고금과 지위고 하를 막론하고 동일하다. 기원전 200년 항우는 유방을 제치고 함양에서 패왕의 지위에 오른다. 중국 땅 동쪽 끝의 작은 고을 팽성에서부터 시작한 그의 여정은 함양에서 황제 다음가는 지위에 오른 뒤 막을 내린다. 황제의 자리는 하늘이 내리는 것이니 인간인 그가 어찌할 수 없는 영역의 지위였다. 대신 항우는 인간이 오를 수 있는 최고의 자리에 오른 것이다. 그러나 함양 땅에서 세상의 부와 권력을 거머쥐었음에도 그는 늘 부족함을 느꼈다.

그 부족함이 어디로부터 오는지를 처음엔 잘 알지 못했다. 그러던 어느 날 항우는 시전에서 들려오는 아이들 노랫소리에 귀를 기울이게 된다. 노래는 이렇게 얘기하고 있었다. 비단 옷을 입으면 뭐하나. 비단 옷 입고 밤길 가면 누가 알아줄까. 뭐 이런 내용이었다. 보통 사람에겐 별 감흥 없는 노랫말이었겠지만 항우는 가슴이 찡하게 울리는 느낌을 받는다.

자신을 알아주는 사람들이 있는 고향 팽성에서 3천 킬로미터나 떨어진 함양에서라면 자신은 그저 비단 옷을 입고 밤길을 걷는 처지일 뿐이었다. 항우의 비단 옷 자랑에 대한 집착은 대단했다. 모든 신하들이 말렸지만 그는 고집을 부리며 패왕의 거처를 팽성으로 옮긴다. 이 사건은 결국 멸망을 부르는 서곡이 되었고, 한편 항우 밑에서 근근이 목숨을 부지하며 살아가던 유방이 기회를 얻는 계기가 되었다.

1800년대 중반 부르주아들은 호텔 라운지와 같은 장소가 있었기에 자신이 쌓은 부를 과시할 수 있었다. 부르주아에게 호텔 라운지는 항우의 팽성과도 같은 곳이었다. 차이가 있다면 팽성은 항우의 몰락을 부르는 장소였고 라운지는 부르주아가 번영을 지속적으로 누리도록 해준 장소였다는 것이다.

1931년 경성에서도 비슷한 상황을 볼 수 있다. 유럽의 부르주아에 비교할 바는 아니지만 경성에도 경제적 부와 함께 시간적 여유를 얻은 사람들이 늘어났다. 이들도 부르주아와 마찬가지로 자칫하면 무료함에 빠질 수도 있는 남는 시간을 무언가로 채울 필요가 있었다. 그리하여 소소한 것이긴 하지만 어쨌든 자신의 경제력을 자랑하면서 생활의 활력을 얻을 만한 수단으로 백화점 커피숍에서의 커피 마시기를 택한 것이다. 미쓰코시백화점의 이상과 같은 모던 보이들이 화신백화점의 유한계층을 비웃는 일도 있었지만 넓게 보면 이 두 부류는 같은 배를 탄 사람들이다. 자신은 다른 사람들과 다르다는 걸 드러내고 인정받고 싶었던 부류들 말이다. 그들은 백화점 커피숍에 드나들며 뭇 사람의 눈길을 즐겼을 것이다.

1870년 서양의 부르주아와 1931년 경성 백화점 커피숍의 단골 고객들은 비슷한 이유로 비슷한 장소를 즐기고 있었지만 이들에겐 차이가 있었다. 그것은 작다면 작다고 할 수 있는데 속내를 들여다보면 볼수록 큰 의미가 담긴 차이였다.

1931년의 경성 사람들은 정신적 피로를 토로하기 시작한다. 이 시점에서 왜 사람들이 육체적 피로 외에 정신적인 피로를 느끼고 호소하기 시작했는가에 대해선 여러 가지 얘기가 있다. 하지만 본질은 매우 단순하다. 바로 예전과는 다르게 복잡해진 사회구조와 유동적인 신분 질서 탓이었다. 신분 질서가 유동적이라는 것은 더 나아질 수도 있고 더 나빠질 수도 있다는 의미다. 예전엔 한 번 귀족은 평생 귀족이었다. 하지만 신분제가 과거의 역사가 되고 난 이후 개인의 사회적 지위는 그가 가지는 권력과 부에 따라 결정됐다. 더 큰 권력을 가지고 더 많은 부를 쌓으면 지위가 그만큼 높아지는 것이고, 반대로 권력이나 부를 얻지 못하면 지위가 낮아지는 것이다.

이 시기 사람들은 두 가지 감정을 안고 살아갈 수밖에 없었다. 하나는 욕심이었고 다른 하나는 불안이었다. 높은 지위에 대한 욕심 그리고 언제 떨어질지 모르는 지위에 대한 불안감. 이 두 가지는 이들에게 정신적 피로를 가져다주기에 충분했다.

사회구조가 복잡해진 것도 한몫한다. 사회구조가 복잡하다는 것은 욕심을 구현할 방법도 다양해지고 불안의 내용이 현실화될 가능성 또한 높아졌다는 걸 뜻한다. 욕심을 실현하기 위해선 더 많은 궁리가 요구됐고 불안한 미래에 대해 방비를 하기 위해선 더 많은 사항을 고려해야만 했다. 이러한 상황이 사람들을 정신적인 피로로 이끌었을 것이다.

르그랑호텔 라운지에서 부르주아가 육체적 휴식과 과시를 통한 정신적 충만감을 얻을 수 있었다면, 화신백화점 커피숍에서는 부유한 시민들이 육체적 휴식과 더불어 정신적 휴식을 얻고 있었다. 1870년과 비교해 1931년에 달라진 것이라면 여가 시간이 허락된 사람의 범위가 넓어졌다는 것이고, 경제적으로 여유로운 사람의 수도 많아졌다는 것이고, 또 한편으론 정신적 피로를 느낄 수 있는 상황이 더 많아졌다는 것이기도 하다.

2015년 청담동 카페엔 더욱 다양한 사람들이 출입한다. 그만큼 시간적으로나 경제적으로 여유가 있는 사람들이 많아졌다. 그리고 정신적 피로를 느낄 만한 상황 역시 더 많아졌다. 이들은 카페에서 육체적 그리고 정신적인 피로를 달래는 휴식을 취한다.

한편 2015년 청담동 카페엔 경제적으로 그리 여유가 없는 사람들도 드나든다. 그들은 경제적 형편이 넉넉하지 않고 또 시간적 여유가 없다지만 무리를 해서라도 카페에서 커피를 마신다. 그들이 돈을 내고 사는 것은 단순한 커피가 아니다. 그들은 카페에서 정신적 휴식을 취할 수 있는 시간과 공간을 사는 것이다.

카페라는 공간과 그곳에서의 시간이 도대체 무슨 의미를 가지 길래 왜 그들은 열악한 주머니 사정에도 불구하고 카페를 찾는 걸까? 그들이 카페에서 기대하는 걸 누리도록 해주는 또 다른 공간들은 없는 걸까? 자, 이 두 가지 질문에 대한 답을 얻기 위한 여정을 시작해보자.

'休'를 위한 공간의 비밀

눈을 감는 것만으로도 휴식이 다소간 가까이 찾아오는 것 같다. 눈을 감는 것은 휴식의 시작일 수 있다. 눈을 감고 나면 귀가 밝아지는 것을 느낄 수 있다. 눈을 감아서 보고 싶지 않은 것들로 가득한 곳이라면 거기서 나는 소리라고 별다를 것은 없다. 눈을 감았으면 귀를 막아야 한다. 이제는 휴식을 시작할 수 있다.

눈을 감고 귀를 막아서 외부 세계와의 연결을 강제적으로 끊어 놓을 수는 있겠다. 하지만 그것도 잠시일 뿐. 누군가가 다가와 내 손을 비틀어 귀를 막은 손을 털어내고 감은 눈을 강제로라도 뜨게 할 것만 같다. 내 영역이 필요하다. 내 영역이라고 자신할 수 있는 공간이 필요하다. 내 영역에서라면 나는 언제나 주인이고, 원하기만 한다면 슬쩍 '다른 나'를 꿈꿔 볼 수도 있으리라. 그곳에서라면 나는 타인들을 저만치 떼어 놓을 수도 있을 것이고 필요하다면 이만치 끌어다 놓을 수도 있으리라.

# 피로와 휴식,
## 그리고
## 프라이버시 과잉 시대

### 피로의 근원

열심히 일하고도 충분히 보상받지 못하는 상황을 겪으면서 현대인은 쉽게 불안이나 공포, 통증, 싫증 등을 느끼게 된다. 이러한 것들은 현대인의 피로를 가중시키는 원인이기도 하다. 이를테면 불안은 지금보다 더 자기 몫이 줄어들지도 모른다는 위기의식에서 발생한다. 그렇게 점점 더 빼앗기다 보면 극심한 생활고에 빠지거나 굶주려 죽겠구나 하는 공포도 자연스레 따라오기 마련이다.

'휴休'를 위한
공간의 비밀

일하는 과정에서 흔히 부딪히는 또 하나의 벽이 있다. 누구는 좋은 일, 멋진 일을 하고 있는데 나는 그에 비해 나쁜 일이나 힘든 일을 도맡아야 한다는 것이다. 이런 상황을 만들어놓은 데는 프레드릭 윈슬로 테일러Frederick Winslow Taylor의 공이 크다. 흔히 말하는 분업이라는 개념을 고안해낸 테일러 말이다. 그리고 이런 테일러의 개념을 훌륭하게 구현한 사람은 바로 헨리 포드Henry Ford였다. 포드는 컨베이어 벨트에 사람을 붙잡아놓고 하루 종일 자기 앞을 지나가는 제품의 일부만 생산하게 만들었다.

한번 절대왕정 시대를 생각해보자. 거기엔 왕도 있고, 귀족도 있고, 평민도 있다. 그리고 노예나 천민들도 있다. 왕은 왕의 역할이 있고 그 역할을 맡아야 한다. 귀족은 귀족대로 자신의 역할이 있다. 평민이나 천민도 마찬가지다. 이들에게 맡겨진 임무는 각기 다르고 또 이들은 자기에게 맡겨진 그 임무를 수행해야만 했다. 현대의 분업이 포드가 궁리 끝에 만들어낸 컨베이어 벨트 위에서 돌아간다면 그 당시 컨베이어 벨트는 신분제라 할 수 있다.

신분제라는 컨베이어 벨트 위에서 모든 이들은 더 멋진 '다른 나'를 꿈꾼다. 천민은 평민이 되어보고 싶을 것이고, 평민은 귀족이, 또 귀족은 왕을 꿈꾸지 아니했겠는가. 그러나 귀족의 불행이란 왕이 되지 못하는 것이고, 평민의 불행은 귀족이 되지 못하는 것이며, 천민의 불행은 평민이 되지 못하는 것이다. 현대인의 불행은 이 사회가 정해놓은 자신의 역할 외에 '다른 나'가 되어볼 기회를 품기 어렵다는 데서 기인하기도 한다. 이것은 현대인의 피로를 가중시키는 원인 중 싫증의 근원이 된다.

공간의 주인이 되지 못한 사람들에게 따르는 불편함은 바로 공간의 주인으로부터 나온다. 주인인 고용인은 자신의 피고용인을 통해 성과를 최대화할 수 있는 방법을 찾으려 한다. 그러기 위해선 당연히 무엇을 하라고 분명히 지시하는 작업이 필요하다. 분업이다. 그리고 그다음 단계로 지시한 사항을 제대로 수행하고 있는지를 살펴봐야 한다. 감시다. 따라서 공간의 주인은 사용자를 끊임없이 감시한다. 감시가 불편한 것은 피고용인으로 하여금 '다른 나'가 되어볼 기회를 품지 못하게 하고 또 공간의 주인이 되고픈 꿈조차 꾸지 못하게 하기 때문이다.

공간의 주인과 공간의 도구 사이에서 발생하는 감시는 사생활을 박탈하고, 이는 곧 사생활을 박탈당한 자의 불안이나 싫증으로 이어진다. 감시가 효과적으로 작동하면 할수록 감시로부터 벗어나려는 욕구는 더 커지게 마련이다. 그런 상태에서 직장 생활을 하다 보면 과민반응이 일어날 수도 있다. 모든 시선에 대해 의심하게 된다는 것이다. 그것이 감시인지 아닌지 혼란과 불안을 겪는 사이 직장 내 공동체 의식은 점점 메말라가게 된다. 이윽고 믿을 것은 오직 자신뿐이라는 고독과 싫증이 깃든다.

피로의 원인인 불안이나 공포, 통증, 싫증은 일이 자기 뜻대로 되지 않음에서 비롯된다. 사람이 자기 뜻으로 하고자 하는 대상은 크게 볼 때 물건과 사람이다. 사물을 얻는 과정에서 그 과정의 주인이 되어보거나 좀 더 빛이 나는 일을 해보고도 싶을 것이지만 알다시피 그게 뜻대로만 되는 것은 아니다. 사람을 얻는 과정에서도 마찬가지다. 필요한 만큼의 사생활을 얻는 것 그리고 필요한 만큼의 인간적 교류를 확보하는 것도 뜻대로 잘 되지만은 않는다. 현대인의 피로는 바로 여기서 비롯되는 것이다.


## 휴식의 근원

피로에 대응하는 방법은 휴식을 취하는 것이다. 하던 일을 멈추고 근육을 더 이상 쓰지 않으면 시간이 흐른 뒤 근육은 원래대로 움직일 수 있다. 이렇게만 하면 육체적 휴식은 이뤄진다. 그러나 정신적 피로는 좀 다르다.

현대인의 정신적 피로는 주로 사회에서 맡은 역할에 대한 불만 그리고 다른 구성원과의 교류에서 생기는 불만으로부터 비롯되는 경우가 많다. 역할에 대한 불만은 제대로 된 주인의 역할을 하지 못하는 경우와 좀 더 뭔가 의미 있는 역할을 해보고 싶다는 욕구가 충족되지 않는 경우에 발생한다. 다른 구성원과의 교류에서 발생하는 문제는 크게 볼 때 두 가지 유형이 있다. 하나는 다른 사람의 감시 때문에 본인의 프라이버시를 잃는 것이고, 다른 하나는 그로 인해 공동체 의식을 갖지 못한다는 것이다.

사회에서 자신이 맡은 역할에 대한 불만 상황은 마치 장기간 운행하지 않고 방치해놓은 자동차 타이어와도 같다. 흔한 일은 아니지만 자동차를 장기간 운행하지 않고 방치해두면 타이어가 찌그러지는 현상이 발생한다. 마냥 세워둔다 해서 자동차의 각 기능이 심각한 손상을 입진 않지만 타이어만은 예외다. 세워둔 당시부터 계속적으로 작용하는 외부 힘에 대응하기 위해 타이어는 내부에서 스트레스를 발생시킨다. 이 스트레스를 유지해야만 외부 힘, 즉 자동차의 하중을 지탱할 수 있는 것이다.

사람들은 흔히 스트레스를 '받는다'고 표현한다. 이것을 고려하면 스트레스는 외부로부터 오는 힘이라 생각하기 쉽다. 그러나 본래 의미의 스트레스는 그런 것이 아니다. 스트레스는 외부 힘에 대응하고자 내부에서 발생하는 대항력을 이른다. 그래서 스트레스를 우리말로 풀어쓰면 '외부 힘에 대응하는 힘'이라는 뜻의 응력이 된다.

사람도 타이어와 비슷한 구석이 있다. 사회에서 요구하는 역할이 있으면 이에 대응하고자 내부에서 스트레스를 발생시킨다. 이 스트레스는 그 사람을 점점 본래 상태에서 벗어나 특정한 방향으로 변화하도록 만든다. 스트레스에 변화를 주지 않으면 사람의 정신도 오래도록 세워둔 자동차 타이어처럼 완전히 찌그러져 본래의 모습을 되찾지 못하게 된다. 그것을 방지하려면 외부 환경을 때때로 변화시켜줄 필요가 있다. 이 변화는 잠시 동안이라도 개인의 사회적 역할을 살짝 바꿔보는 것으로 가능해진다.

자신이 맡은 역할에 대한 불만에 이어 이런 불만이 일어날 수 있다. 바로 개인이 생산활동의 도구로만 역할을 함으로써 발생하는 불만이다. 이런 상태가 오래되면 역시 아주 변형되어 본 모습을 찾기 힘들어진다. 어느 개인이 사회적 생산활동의 결과물을 완전히 자기 것으로 소유하는 건 불가능에 가까운 희망사항일 뿐이다. 얼마나 이런 상황을 바랐으면 자기 사업체를 꾸리는 게 모든 직장인의 꿈이겠는가. 하지만 현실이 그리 녹록지 않다는 걸 아는 우리나라 천만 근로자들은 매일 아침 출근과 함께 그 꿈에서 깨어난다.

이런 불만에 대한 대처도 마찬가지다. 이 불만에 대처하는 방법은 특별한 일이나 목적 없이 자동차 바퀴를 굴리듯 잠시 동안이라도 자신이 사회적 생산활동의 주인이 되어보는 맛을 느껴보는 수밖에 없다. 가령 고궁이나 박물관에 가면 흔히 조선 시대 왕

의 자리가 전시되어 있다. 관람객이라면 대부분 슬쩍 그 자리에 앉아보고 싶을 것이다. 이런 마음을 헤아린 대한민국역사박물관은 관람객이 대통령의 자리에 앉아보는 체험을 할 수 있도록 별도로 꾸며놓기도 했다.

그리고 외부 감시가 극심해 프라이버시를 확보하지 못할 때 생겨나는 불만이 있다. 여기에 대한 대처 방법은 비교적 명확하다. 우선은 인간의 생물학적 감각기관을 통한 감시, 즉 시각과 청각에 의한 감시를 제한하면 된다. 이를 위해선 개인 공간을 만들

'휴休'를 위한
공간의 비밀

어주면 된다. 각 개인마다 방을 별도로 만들어주진 않더라도 칸막이 하나만 설치해도 문제는 거의 해결된다.

다른 방향으로의 해결도 가능하다. 애초부터 서로 감시라는 침해를 일으키지 않을 사람들끼리만 모아놓으면 된다. 감시는 대개 상급자가 하급자에게 가하는 것이다. 같은 인간의 시선이라 해도 상급자의 시선은 감시로 여겨지는 법이다. 그러니 별도의 방이나 칸막이로 분리하지 않더라도 감시의 시선 자체를 없애면, 즉 동료들끼리만 모아놓는다면 감시 과잉에 따른 프라이버시 부족 문제를 간단히 해결할 수 있는 것이다.

이런 분석은 프라이버시를 확보할 수 있는 방법이 크게 두 가지 방향으로 가능하다는 것을 시사한다. 하나는 개인을 위한 물리적 공간을 확보해주는 방법이고, 다른 하나는 비슷한 유형의 집단끼리 모아놓는 방법이다.

심리적 수단이라 봐야 할 후자의 방법은 프라이버시라는 것이 집단적으로 향유되는 속성 또한 가지고 있다는 걸 암시한다. 한번 여행사의 단체 여행을 생각해보자. 여행객 중 여러 쌍의 부부가 있다면 방을 배정할 때 부부 단위로 할 것이다. 남편과 부인에게 각각 따로 방을 제공하진 않는다는 것이다. 다시 말해 부부에겐 부부라는 집단의 프라이버시가 보장되면 충분하다는 얘기다.

하나로 묶어도 좋을 집단의 범위는 역사와 문화적 차이에 따라 달라진다. 서구에선 대략 200년 전까지만 해도 한 가족이 모두 한방에서 잠을 잤다. 그들에겐 개인의 프라이버시란 존재하지 않았다. 다만 가족이라는 집단 프라이버시만 있었을 뿐이다. 현재는 어떠한가? 한 가족이 한방에서 생활한다는 것은 흔하지 않은 일이 돼버렸다.

　또 다른 예를 보자. 우리나라 대학에선 성별에 따라 샤워실을 구분해 사용한다. 샤워실 안엔 별도의 칸막이가 없다. 우리나라 대학생들에겐 자연스런 상황이다. 그런데 이런 샤워실이 우리나라에 유학 온 동남아 학생들에겐 문화적 충격으로 다가온다고 한다. 그들의 집단 프라이버시를 제대로 충족해주지 못하는 이 이상한 샤워실을 그들은 몹시 꺼리는 것이다.


## 프라이버시 불균형

현대사회에선 집단 프라이버시가 점점 더 인정받지 못하는 경향이 있다. 프라이버시라 하면 무조건 개인의 프라이버시만을 생각하게 되고 또 그것만을 인정하려 한다. 역사적으로 볼 때 부부 프라이버시, 가족 프라이버시, 한동네 프라이버시 등 다양한 집단 프라이버시가 존재했었다. 그런데 이런 종류의 집단 프라이버시는 점점 더 인정되지 않는 상황이다. 이런 상황이 다음의 또 다른 불만을 가중시킨다.

바로 다른 사람들과 공동체 의식을 공유할 기회가 점점 사라지는 데서 오는 불만이다. 고독과 불안감이라는 부작용을 낳는 이런 불만은 감시에 따른 불만에 대한 반작용이기도 하다. 감시로부터 벗어나고자 하는 욕망이 프라이버시에 대한 요구 정도를 높였고, 한편으로 집단 프라이버시를 인정하지 않게 되면서 사람들은 개인으로 철저히 고립되기에 이르렀다. 이에 따라 공동체 의식마저 잃게 된 것이다.

이런 불만에 대처하는 일반적인 방법은 친밀함이 느껴지는 집단을 형성해가는 것이다. 동호회 활동이 그런 사례가 될 수 있다. SNS를 이용한 집단의식 형성도 마찬가지다. 하지만 정작 중요한 것은 프라이버시의 강화가 공동체 의식 저하를 불러왔다는 것을 자각하고 인정해야 한다는 것이다. 그렇다면 문제의 해결은 지나친 개인 프라이버시에 대한 회의로부터 시작돼야 한다.

사람들이 가지는 불만은 네 가지로 요약된다. 주인공이 되지 못하는 것, '또 다른 나'를 경험해볼 기회가 없는 것, 프라이버시가 부족한 것, 공동체 의식이 부족한 것. 이런 불만들을 해소하는 가장 좋은 방법은 바로 '놀이'다. 놀이는 평소 하지 않는 것을 해보는 기회를 제공한다. 모든 놀이가 다 그렇다. 놀이는 대체로 여러 사람과의 어울림을 전제로 하는데 그러다 보니 당연히 역할이라는 것이 있게 마련이다. 놀이는 역할을 바꿔가면서 하게 되어 있다. 어린 시절 누구라도 해봤을 술래잡기를 생각해보자. 거기엔 술래도 있고 숨는 사람도 있다. 이 놀이에 참여하는 사람은 술래도 해보고 숨는 사람도 해보게 된다. '다른 나'를 경험해볼 수 있는 기회가 충분하다. 놀이의 중심에 술래가 있다고 본다면 주인공이 되는 기회도 맛볼 수 있는 셈이다.

놀이는 어떻게 일어나는가? 놀이의 시작은 심심함이다. 심심함은 대체로 혼자 있을 때 생긴다. 심심함에 대처하는 방법은 다른 사람과 어울리는 것이다. 사람들은 많은 사람과 어울리길 원하고 때론 소수의 사람과 어울리길 원하기도 한다. 소수의 사람과 어울린다는 것은 대개는 친밀한 사람과 함께한다는 것이고, 이는 곧 자신의 사생활을 유지한 채 다른 이들과의 어울림을 즐긴다는 뜻이 된다.

한편 다수의 사람들과 어울림을 원할 때는 친밀하지 않은 사람과도 어울리게 마련이다. 사생활보다는 다른 이들과 함께한다는 의식이 더 요구된다. 이런 때라면 사생활을 잠시 접어두는 것에 그리 인색하게 굴지 않는다. 이런 유의 놀이로는 역시 줄다리기만한 것이 없다. 우리나라 전통적인 축제의 장에선 빠지지 않는 단골 메뉴다. 널찍한 공터와 튼튼한 밧줄 하나만 있으면 되는 간편함 때문이기도 하지만 줄다리기는 서로 모르던 사람도 곧 한 편이 되어 친숙해지게 만드는 묘한 장을 열어준다.

놀이는 공간의 주인이 되어보기, '다른 나'가 되어보기, 그리고 집단 프라이버시와 공동체 의식 즐기기를 가능하게 한다. 현대인의 불안이나 공포, 통증, 싫증을 치유할 수 있는 수단으로서 적격인 것이다. 놀이는 현대인의 정신적 피로를 씻어주는 역할을 한다.

육체적 피로는 일 같은 것을 하지 않고 그저 쉼으로써 해결할 수 있다. 하지만 그저 쉬기만 해선 정신적 피로는 해결할 수 없다. 정신적 피로를 풀어줄 수 있는 것은 바로 놀이 같은 행위나 또는 놀이를 한 것과 같은 효과를 주는 다른 유사한 행위들이라 할 수 있다.

# 무엇이
우리의 휴식을
방해하는가

## 정신적 휴식을 어렵게 하는 일상의 공간

현대인에게 피로는 일상화되어 있는 것 같다. 오죽하면 요즘 흔한 인사말이 "푹 쉬세요" 아니면 "잘 쉬셨어요?"이겠는가. 얼마 전만 해도 자주 쓰이는 인사말은 "식사하셨어요?"였다. 이런 인사말은 잘 못 먹고 못 살던 때 주로 쓰던 것이다. 그래서 궁상맞은 느낌이 들어서인지 언제부턴가 사람들은 의식적으로 이런 인사말을 피해온 것 같다. 그 자리를 대신해 들어온 것이 "좋은 아침입니다"와 같은 인사말이다. 그리고 근래엔 "잘 쉬셨습니까?"

'휴休'를 위한
공간의 비밀

라는 인사말이 종종 들린다. 현대를 사는 우리의 일상이 어떻길래 이런 인사말이 퍼지는 걸까?

　현대인의 피로를 공간이라는 측면에서 생각해보자. 피로를 느끼게 하는 상황을 애초 발생시킨 것은 사회구조일 것이다. 사람들 간 합의에 따라 만들어진 제도와 법에 따라 유지되는 사회구조가 문제의 시발점이다. 사회구조는 언제나 예외 없이 공간 안에서 구현되며 그런 구현을 위해 마련된 공간은 또다시 사회구조를 강화하는 방향으로 작용한다.

　가령 주인과 종의 관계인 두 사람이 있다. 이 관계에 맞는 구조를 구현하기 위해 공간을 만든다. 주인을 위해선 크고 높은 집을 짓고 종은 작고 낮은 집에 살게 하는 것이다. 주인과 종의 신분은 이렇게 공간에 따라서도 확실하게 구분이 된다. 이들이 살고 있는 공간의 특징에 따라 둘 간의 주종 관계가 좀 더 견고히 유지되는 것이다.

　현대인의 피로도 그런 속성이 있다. 애초 사회구조 탓에 불만의 뿌리가 형성됐을지라도 공간의 구조적 특징이 피로감을 더 높이고 오래 지속되도록 만든다. 사람이 사는 공간의 기능적 유형은 크게 보자면 하나는 집이고 다른 하나는 직장이다. 이 두 공간에서 현대인의 피로 원인이 어떻게 조성되고 강화되는지 알아보자.

사회적 생산활동의 도구로서 살기 때문에 생기는 피로는 직장에서 두드러지게 나타난다. 직장에는 명확한 역할 분담이 있다. 그것은 수평적으로도 그렇고 수직적으로도 그렇다. 수평적으론 영업부니 경리부니 하는 기능적 분담이 있고 수직적으론 상급자와 하급자의 관계로 엮이는 직위에 따른 역할 분담이 있다.

틀에 박힌 일만 하게 되는 것은 집에서도 마찬가지다. 아버지는 아버지대로, 어머니는 어머니대로, 자녀들은 그들대로 해야 할 일이 따로 있다. 자신이 해야 할 일을 하지 않으면 가정에 분란이 생기기 마련이다.

자신이 일한 만큼 충분한 보상이나 대가를 받고 있다고 생각하는 직장인은 드물 것이다. 한마디로 월급이 적다는 것이다. 사회적 생산활동의 결과물로부터 소외되는 문제는 단지 금전적 대가만의 문제는 아니다. 가령 어느 대기업에서 세계 최고의 제품 개발에 성공했다고 해보자. 그 공과 영예는 대부분 사장의 몫이다. 아무리 사원들의 공로를 치하하고 포상금을 지불한다 해도 특별할 게 없다. 어떤 개그 프로에 나오는 말처럼 세상은 1등만 기억하기 때문이다. 단 한 번의 그 치하를 끝으로 사원의 역할은 잊혀지고 만다.

이렇게 결과물의 주인이 되지 못하고 소외되는 현상은 집에서도 비슷하게 발생한다. 집에선 아이들을 빼놓고 어머니도 아버지도 마찬가지로 박탈감을 느낀다. 아이들이 공부를 잘하고 일류 대학에 가는 것을 기쁘고 자랑스럽게 여기고, 또 남편의 승진에 행복해하던 많은 어머니들이 시간이 지나면서 곧 박탈감을 느끼게 된다. 아이들은 오직 제 자신의 능력이 뛰어나 그리된 줄로만 알며 남편은 남편대로 자신의 성공을 즐길 뿐이다. 그런 가정 안에서 어머니는 박탈감과 함께 소외감을 느낄 수밖에 없다.

물론 이런 소외감은 아버지도 느낀다. 가정에서 왠지 자신이 돈 벌어다주는 기계로만 비쳐질 때 그렇다. 더 불만스러운 건 아이들이 아버지는 피하고 엄마하고만 대화하려 한다는 것이다. 어머니가 자식과 남편의 성공으로부터 소외감을 느낀다면 아버지는 아이들과 아내만 누리는 단란한 행복으로부터 소외감을 느낀다.

집과 직장에서 느끼는 이런 식의 불만은 역할을 분담하는 사회구조로부터 기인되는 것이 분명하다. 하지만 이런 상황을 더욱 나쁘게 만드는 것은 공간에 책임이 있다.

집 안팎 구분 없이 느끼고 있는 프라이버시 문제는 양적 부족의 문제라기보다는 불균형의 문제다. 프라이버시가 필요한 곳에선 부족하고 별로 필요 없는 곳에선 넘쳐난다. 현대인들이 프라이버시 부족을 운운하는 것은 주로 직장에서의 프라이버시다. 직장의 감시 탓에 직장인들은 프라이버시를 반납해야 한다. 직

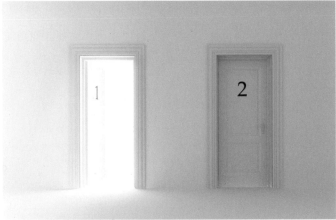

실내 방문의 진화

'休'를 위한
공간의 비밀

장 공간 구조의 핵심은 두 가지다. 하나는 업무의 분담이고 다른 하나는 업무 진행의 감시다. 직장인들은 출근하는 순간 벌거벗은 마음으로 상사의 감시 속에 놓인다. 이게 불만의 핵심이다.

직장에서의 프라이버시 부족에 대한 보상은 엉뚱한 데서 찾게 된다. 서울 몇 곳엔 '나홀로 식당'이 개점해 있다고 한다. 그 식당은 구조상 칸막이가 쳐진 식탁에서 혼자 식사를 하게끔 되어 있다. 식당 안의 누구하고도 눈이 마주칠 일이 없다. 심지어 음식을 서빙하는 사람하고도 눈을 마주치거나 말을 섞을 필요가 없다. 왜냐면 칸막이 앞쪽 개구부를 통해 음식이 슬그머니 들어오게 만들어졌기 때문이다.

집 안에서도 프라이버시는 넘쳐난다. 방문을 한번 생각해보자. 옛날의 방문은 구멍이 숭숭 뚫린 창살문에 창호지를 한 겹 바른 것이었다. 창호지 한 겹 너머로 비치는 그림자를 보면 방 안에서 무슨 일을 하는지 다 알 수가 있었다. 여간 목소리를 낮추지 않는 한 방 안의 소리는 모두 밖으로 새어나갔다. 그렇게 살면서도 전혀 불편함을 느끼지 않았다. 그런데 정작 집 밖에서 벌어진 프라이버시 부족에 따른 부작용이 집 안으로 밀려들어온 것이다.

시간이 흐른 뒤 창호지를 붙인 미세기문은 목재로 튼튼하게 짠 여닫이문으로 바뀌었다. 문짝 가운데 위쪽엔 작은 창이 달려 있었다. 창은 간유리를 쓰거나 창호지를 덧대 반투명하게 만들어놓았다. 비록 옛날의 창호지문처럼 안의 상황을 빤히 들여다보진 못하게 되어 있지만 마음만 먹으면 안의 기색과 동정을 살피는 것은 일도 아니었다.

요즘은 어떤가? 문짝에 달려 있던 조그만 창문마저 없어졌다. 문짝도 꽤나 묵직하고 두껍다. 시선이 완벽하게 차단되는 것은 물론이거니와 소리도 잘 새어나오질 않는다. 문짝 너머 저쪽은 완벽한 개인 프라이버시가 구축된다. 비로소 원하는 걸 얻은 듯하다. 그래서 이제 행복한가 하면 그렇지도 않다. 개인 프라이버시를 찾아 방으로 숨어들어간 개인들이 스마트폰을 꺼내들고 외부의 그 누군가와 끊임없이 문자를 주고받는 걸 보면 자신들에게 주어진 프라이버시를 버거워하고 있는 것임에 틀림없다.

프라이버시는 정작 필요한 데선 찾을 수 없고 별로 필요하지 않은 데선 과잉으로 제공된다는 게 문제다. 사람들이 프라이버시 부족에 대응하는 양상은 감시의 과잉을 벗어나려는 시도로 늘 나타난다. 그런데 그것이 종종 뜻하지 않은 불만족을 불러오는 것은 프라이버시에 대한 보상이 공동체 의식의 저하로 나타나기 때문이다.

공동체 의식에 얼마나 목말라 있는지는 끊임없이 이어지는 직장의 회식 자리를 보면 안다. 흔히들 회식 자리는 안 갈 수 없어 간다고들 한다. 아마도 신입 무렵엔 그럴지도 모를 일이다. 하지만 시간이 흐르고 중견 직장인이 되어가면서 회식이 왜 필요한 것인지 점점 깨닫게 된다. 근무 중엔 기대하기 힘든 공동체 의식을 회식 자리에선 미약하나마 찾을 기회가 있기 때문이다.

집 안에서의 공동체 의식 저하는 오히려 집 규모가 커지면서 가중되는 느낌이다. 집이 커지고 복작거리지 않으면서 가족끼리의 마주침도 피해갈 수 있는 공간 구조가 공동체 의식 저하로 이어질 수 있다는 얘기다. 적어도 두 개 이상의 화장실이 있어서 서로 겹치지 않게 된 것이며, 서재 또는 패밀리룸이라 부르는 제2의 거실 공간 도입 등은 가족 구성원에게 편리함을 줄진 모르겠으나 서로 접촉하고 대화를 나눌 기회는 점점 더 적게 만든다. 이런 것들이 모두 다 함께 산다는 공동체 의식을 공유할 기회를 박탈해가고 있는 게 아닐까. 어찌 보면 집 안에서 사람들은 편히 살고자 행복하게 살기를 포기하고 있는지도 모르겠다.

## 정신적 휴식을 어렵게 하는 일상의 시간

헨리 반 다이크Henry Van Dyke의 시에 잘 표현된 것처럼 시간은 기다리는 이들에겐 너무 느리고, 걱정하는 이들에겐 너무 빠르며, 슬퍼하는 이들에겐 너무 길고, 기뻐하는 이들에겐 너무 짧다. 그리고 어떤 이는 사랑하는 이들에게 시간은 영원하다고도 말한다. 또한 누군가에게 시간은 많을 수도 있고 적을 수도 있으며 심지어 가혹할 수도 있고 관대할 수도 있을 것이다. 이처럼 시간에 대한 느낌은 사람마다 다르고 시대마다 다르다.

시간을 어떤 관점에서 보느냐에 따라 시간에 대한 다양한 개념이 탄생한다. 그중에서도 과거 사람의 시간과 현대인의 시간을 분명히 구별해줄 수 있는 것은 바로 시간의 단위다. 현대인은 시, 분, 초를 이용해 시간의 단위를 표시한다. 조선 시대 사람들은 현대를 기준으로 보자면 '두 시간'을 단위로 사용했다.

현대인들은 약속 시간에 10분만 늦어도 책잡힐 때가 있다. 그렇지만 조선 시대엔 그렇지 않았다. 그 10분을 측정할 방법이 없었기 때문이다. 초 단위에 들어서면 더욱 그렇다. 우사인 볼트가 100미터를 완주할 때 걸린 시간을 표시하기 위해선 초 이하의 단위가 동원된다. 현대인은 100분의 1초에 대한 개념도 가지고 산다. 하지만 조선 시대 사람들에게 100분의 1초가 무슨 의미가 있을 수 있겠는가.

현대의 시간은 하루를 기준으로 끊어진다. 하루 중 일부 시간은 일하고 나머지 시간은 일하지 않는다. 그럼 일하지 않는 나머지 시간엔 무엇을 하는가? 보통 쉰다고 한다. 농업이 주요 산업이었던 시절 사람들은 8개월 정도 일하고 나머지 4개월은 일하지 않고 놀았다. 현대인은 그 시간에 놀지 않고 쉰다. 더 정확히 얘기하자면 놀지 못하고 쉰다. 왜냐면 놀 시간이 없기 때문이다. 현대인들에게 주어진 시간은 조각난 시간이다. 뭘 하고 놀려면 좀 긴 시간의 덩어리가 필요하다. 하지만 현대인에게 주어지는 것은 작은 덩어리로 조각난 짧은 시간뿐이다. 이 시간을 가지고 논다는 것은 상상하기 힘들다. 그저 쉴 뿐이다.

현대인들이 조각난 시간을 받아들고 그저 쉴 수밖에 없는 것은 옛날 사람들과 하는 일이 다르기 때문이라 주장할 수도 있다. 농사일은 분명한 사이클이 있는 반면 현대인들이 주로 하는 2·3차 산업의 일은 끊어지지 않고 연속되기 때문이다. 그런데 꼭 그런 것만도 아니다. 2·3차 산업은 대체로 여러 사람이 같은 일을 나눠서 하는 구조를 가진다. 이 말은 여럿이 하니까 한두 사람 정도는 일이 이어지는 기간 중에도 쉴 수도 있다는 것이다. 옛날처럼 8개월 몰아서 일하고 4개월을 쉬어도 일이 돌아간다는 말이다. 만약 몰아서 쉬다가 일의 총 시간이 줄어드는 문제가 생긴다면 평생 동안 일하는 기간을 늘리면 된다. 이를테면 60세까지 일할 것을 65세, 70세로 늘리는 식이다.

이런 식으로 구조를 바꿔서 얻어지는 장점은 단지 놀 수 있다는 것뿐만이 아니다. 고용 효과를 높일 수도 있다. 즉 같은 산업 생산량을 기준으로 10명을 고용할 때 12명을 고용할 수 있는 구

조가 된다는 뜻이다. 또한 평균수명이 늘어난 요즘 은퇴 후 기간
이 너무 길어지는 문제도 해결할 수 있다. 현대인의 시간 단위를
8개월 일하고 4개월 쉬는 단위로 바꾸면 얻어지는 이득은 기대
이상이다. 그런데 그렇게 안 하고 있다. 왜일까?

　고용주들의 입장이라는 것도 있기 때문이다. 고용주들은 가장
생산성이 높은 기간에 있는 피고용인에게 일을 시키길 원한다.
생각해보면 이는 단순한 이유에서다. 30세부터 60세에 해당하는
기간의 생산성이 30세부터 70세까지에 비해 높기 때문이다. 현
대인들이 놀지 못하고 그저 쉴 수밖에 없는 조각난 시간을 받아
들게 된 것은 생체리듬 때문도 아니고 계절적 요인 때문도 아닌
것이다. 조각난 시간은 육체적 피로를 가셔줄 정도는 되겠으나
정신적 피로로부터 회복할 수 있는 기회를 주진 못한다.


## 우리가 진정한 휴식을 얻으려면

인간은 기계와 달리 휴식이 필요하다. 휴식엔 두 가지가 있다. 하
나는 육체적 휴식이고 다른 하나는 정신적 휴식이다. 현대인이
육체적 휴식을 가지는 것은 어려운 일이 아니다. 일을 하지 않는
시간과 타인으로부터 방해받지 않는 공간만 있으면 된다. 현대

'휴休'를 위한
공간의 비밀

인이 과거 사람들에 비해 조각난 작은 덩어리의 시간만 얻을 수 있다곤 하지만 그것만으로도 육체적 휴식을 취하기엔 부족함이 없다. 하루 7시간 내외의 수면이면 충분하다. 그리고 수면 외에 앉아서 쉬는 정도의 휴식도 필요할 것이다. 이것 또한 하루 한두 시간이면 충분하다. 현대인에게 아무리 잘게 조각난 시간만 주어진다 해도 하루 중 이런 시간을 내는 것은 결코 불가능한 일이 아니다.

육체적 휴식을 위한 공간적 조건도 그리 나쁘지 않다. 적절한 오감 상태를 유지하고 타인의 방해를 받지 않을 수 있는 공간은 주택에서도 충분하게 확보된다. 주택이 아닌 공간에서조차도 그저 한두 시간 앉아 있을 의자가 있는 공간이라면 육체적 휴식을 얻기엔 충분하다. 문제는 정신적 휴식이다.

정신적 휴식을 위해선 '놀이'가 필요하다. 놀이를 통해 사람들은 공간의 주인이 되어보기도 하고 '다른 나'가 되어보기도 한다. 필요에 맞게 놀이의 종류를 선택함으로써 타인과 교류하는 양을 조절할 수도 있다. 교류의 양을 줄여 프라이버시를 제고할 수도 있고 교류의 양을 늘려 공동체 의식을 제고할 수도 있다.

현대인이 처해 있는 지금의 상황, 즉 시간과 공간은 모두 놀이를 통한 휴식에 적당하지 않다. 앞서 살펴본 것처럼 현대인을 둘러싼 모든 공간은 피로감의 원인이 되는 불안이나 공포, 통증,

싫증을 야기하고 강화시키는 방향으로 작동하기 일쑤다. 현대인이 놓여 있는 시간 또한 그렇다. 현대인에게 주어진 조각난 시간은 놀이를 하기 위해 필요한 최소한도를 확보하기엔 턱없이 부족하다.

현대인이 정신적 휴식을 얻으려면 두 가지가 필요하다. 하나는 직장과 주거 외의 다른 공간이다. 그리고 나머지 하나는 놀이를 할 수 있는 시간이다. 하지만 정신적 피로를 씻어줄 만한 놀이를 할 수 있는 시간을 기대하긴 어려운 상황이다. 현대인이 오로지 기대할 수 있는 것은 놀이 효과뿐이다. 놀이 효과라는 것은 실제로 놀이는 아니지만 마치 놀이처럼 공간의 주인이 되어보기도 하고, '다른 나'가 되어보기도 하고, 프라이버시를 얻거나, 또는 공동체 의식을 얻을 수 있음을 말한다. 현대인이 정신적 휴식을 얻고자 할 때 필요한 것은 바로 이 놀이 효과를 얻을 수 있는 공간이다.

직장에선 물론이고 집에서도 현대인을 쉽게 피로하게 만드는 요인들을 피해갈 길은 없다. 그러므로 직장 또는 집이 아닌 다른 공간을 찾아봐야 한다. 사회적 구속으로부터 자유로울 수 있으며 그러한 자유를 누릴 수 있게 해주는 그런 공간을 찾아야 한다.

도시사회학은 우리가 사는 공간을 세 개로 분류하고 있다. 집과 직장 그리고 그 외의 공간이다. 그 분류에 따르면 집은 제1의 공간이 되고 직장은 제2의 공간이 된다. 그리고 나머지 공간을 제3의 공간이라 부른다. 집이 주로 쉬면서 에너지를 보충하는 공간이고 직장이 그 보충한 에너지를 사용해 생산활동을 하는 장소라면, 제3의 공간에선 대개 여가 활동이 이뤄진다. 즉 쇼핑, 공연 감상, 레저 활동 등이 이뤄지는 것이다.

이런 제3의 공간에서 현대인을 피곤하다 느끼게 하는 요인들에 효과적으로 대처할 수 있는 공간들이 발견된다. 그곳에선 어렵지 않게 공간의 주인이 될 수도 있고 '다른 나'가 되어볼 수도 있다. 그리고 다른 사람들과의 교류를 원하는 방향으로 이끌어 적절한 수준의 프라이버시를 유지하면서 공동체 의식을 유지하는 것도 가능하다. 공적 공간, 즉 사람들 속에서 정신적 피로를 씻으며 충분한 만족과 위안을 얻고 즐기는 것을 '라운징'이라 한다면 그런 라운징이 가능한 공간은 바로 '라운징 공간'이라 할 수 있다.

# 일과
# 생존을 위한
# 시간

## 일하는 시간의 진화

근래 몇몇 IT기업에선 외부 방문자를 어리둥절하게 만들 만한 작업 환경을 만들어놓고 있다. 전형적인 일터의 모습이 아니라는 것이다. 실내 가구 배치에 어떤 질서가 보이지 않으며 사람들은 의자에서 몸을 비스듬히 기울이거나, 또는 자기 자리를 지키지 않고 다른 곳을 서성거리기 일쑤다. 몇몇이 모여 잡담에 가까운 대화를 주고받는 것도 목격하게 된다. 일을 하고 있는 것인지 '놀고' 있는 것인지 도무지 알 수가 없다. 한 가지 분명한 건 그들이

쉬고 있진 않아 보인다는 것.

일은 놀이처럼 즐겁게 하면 더욱 좋다. 과연 어떻게 하면 일을 놀이처럼 할 수 있을까? 일의 본질은 바꿀 수 없어도 일하는 마음 자세를 어느 정도 조정하는 것은 가능하다. 그래서 동원된 수단이 바로 노래를 부르며 일하게 하는 것이다. 그래서 옛날에 노동요가 탄생했다. 힘겨운 노동도 노래를 흥얼거리며 하면 힘이 덜 들기 마련이다. 물리적으로 사용하는 힘의 양이야 어찌 달라질 수 있겠는가마는 적어도 심정적으로 느끼기엔 힘이 덜 든다는 얘기다.

사람들은 노동요를 만들어 일을 놀이처럼 만들어보려 시도했다. 일하면서 한 번쯤 노동요를 불러본 사람이라면 그것이 어느 정도 가능하다는 걸 실감할 것이다. 어찌 보면 노동요는 피곤한 사람이 마시는 에너지 음료 같은 것이다. 당장은 힘이 나고 피곤을 느끼지 않게 해줄지 몰라도 언젠가는 그 미뤄둔 피곤에 대한 대가를 치러야만 하는 것이다. 그래서 노동요는 본질적으로 구슬프다.

일하는 것처럼 보이지 않는 IT기업 사무실에서 노동요는 어떠한가? 땡볕 아래 일하는 농부나, 힘들게 그물을 끌어올리는 어부에겐 어울릴 것이지만 IT기업 사무실 직원들에게 노동요는 적절한 것 같지 않다. 대신 IT기업 사무실에선 일의 본질을 놀이처럼 바꾸려 시도한다. 놀이가 주는 효과 중 하나라 할 수 있는 '다른 나'가 되어보는 경험은 IT산업과 같이 창의적 두뇌 활동이 필요한 경우에 아주 적절하다. 창의적이 되기 위해선 기존의 '나'가 아닌 '다른 나'로서 사고를 할 수 있어야만 하기 때문이다.

전통적인 중후장대형산업이라면 육체의 움직임이 필수적이다. 신체를 움직이는 방식도 일정하다. 일정한 방식으로 신체를 움직여 예상했던 물건을 반복적으로 만들어내는 작업에서 일은 놀이가 될 수 없다. 다만 일을 놀이처럼 착각하도록 만들 수 있을 뿐이다.

이에 반해 점점 더 중요한 위치를 차지해가고 있는 지식기반산업에선 육체의 움직임이 그리 중요하지 않다. 육체의 움직임이라 해봐야 아마도 컴퓨터 자판이나 마우스 패드 위에서 손가락을 까닥이는 정도가 다일 것이다. 일은 머릿속에서 이뤄진다. 특히 기존에 없던 걸 만들어내야 하는 일이 많다. 일의 방식이 결정되어 있는 게 아니다. 더 중요한 차이점은 일의 결과물 또한 구체적으로 예상되는 게 아니라는 점이다. 일의 결과물은 예상했던 큰 방향과는 부합하지만 구체적인 부분에 있어선 예상과 다르면 다를수록 성공적인 업무 수행이 되기도 한다.

현대의 지식기반산업 관련 일터는 일을 하는 장소이되 놀이를 하는 장소처럼 느낄 수 있는 공간으로의 변모가 필요하다. 그런 공간을 라운징 공간이라 불러도 좋을 것이다. 그런 공간에선 '다른 나'가 되어볼 수 있고, 때로 상사의 간섭 없이 공간의 주인이 되어볼 수도 있고, 동료와의 잡담 속에서 적당한 프라이버시를 확보한 채 타인들과 공동체 의식을 공유해볼 기회가 마련될 수 있기 때문이다. 오늘날 특히 지식기반산업 현장에서의 시간은 육체적이든 또는 정신적이든 간에 노동의 시간이 아니고 라운징의 시간이 되어가고 있는 것 같다.

## 생존을 위한 시간의 진화

사람이 생존을 위해 하는 행동 중에 많은 부분이 별다른 의식 없이 이뤄진다. 공기를 마시는 일, 땀이나 열을 발산하는 일 따위가 그렇다. 생존 유지에 필요한 행위들 중 의식을 동반하는 일은 주로 먹는 일과 배설하는 일이다. 이와 함께 항상 그렇지는 않지만 사람의 의식적 행동을 필요로 하는 것이 바로 햇빛을 받아들이는 일이다. 실내 활동이 많아진 현대인들에게 햇빛은 피해가야 할 대상이 아니라 때로는 찾아가야 할 외부 에너지원이 되었기 때문이다. 그저 일상이 이끄는 대로만 살다 보면 햇빛의 부족함을 느낄 수밖에 없다.

전망 좋은 주택 식당

전망 좋은 주택 화장실

'**휴休**'를 위한
공간의 비밀

때로 사람들은 의식적으로 햇빛을 찾아나서야 한다. 산책은 어떤가. 물론 산책의 효과는 햇빛을 받아들이는 게 다가 아니지만 어쨌거나 산책은 사람에게 부족한 햇빛을 채우기 위한 좋은 행위가 되는 게 사실이다. 사람들은 햇빛을 쬐고 음식을 먹고 또 배설하는 의식적 행위를 통해 생존을 유지한다. 그리고 이를 위해 적지 않은 시간이 사용된다.

과거엔 음식을 먹고 배설하는 행위를 하는 시간을 위해 특별한 뭔가를 하려 하지 않았다. 식사와 배설은 육체가 지시하는 매뉴얼을 따르는 행위에 불과했다. 하지만 현대인들은 음식을 어떤 공간에서 먹을 것인가 그리고 배설을 어떤 공간에서 하는 게 좋을 것인가에 대해 고민한다. 생존을 위한 필수적인 행위가 기왕이면 좀 더 즐거운 행위가 되길 바란다. 그러기위해 먹거나 배설하기 위한 공간을 특별하게 꾸미길 원하는 것이다.

사람들은 먹는 장소와 배설하는 장소에서 생존을 위한 행위 이상의 것을 찾는 데 성공했다. 먹는 데 즐거움을 더해줄 수 있고 배설하는 행위에 유쾌함을 더해줄 수 있는 여지가 있다는 걸 발견한 것이다. 그런 발견과 함께 더욱 그리되도록 의식적인 노력을 해오고 있다.

주택에서 식당의 지위가 어떻게 변해왔는지를 살펴보면 그런 노력에 대해 알 수 있다. 우리나라에서 식당이라는 공간이 독립해 주택 내부에 설치된 것은 그리 오래된 일이 아니다. 서구식 개량형 주택이 도입되기 시작한 1960년대에 이르러 식당은 주택의 주요 공간의 하나로 나타난다. 그 전엔 보통 안방에서, 또는 거실이 있다면 그곳에서 식사를 하는 게 일반적이었다. 거실은 서구식 주거 문화의 영향과 우리나라의 전통적인 대청이 타협적으로 진화해 발전한 것이라 볼 수 있다. 거실이 없다면 대부분의 가옥에 대청이 있었다. 그런 가옥이라면 대청에서 식사가 이뤄지는 게 보통이었다.

식당은 가옥의 주요 공간이 아니었다. 하루 중 아무리 길어봐야 한두 시간을 보내는데 별도로 지정 공간을 만든다는 것은 공간의 낭비로 여겨졌다. 이런 생각으로 식당을 별도로 만들기보다는 기존의 공간을 잠깐 빌려 사용하는 방법을 택한 것이다. 그러나 현대의 식당은 주요 공간으로서 당당히 자리를 차지하고 있다. 단지 그것만이 변화의 전부는 아니다. 주거 공간에서의 그 위치에도 변화가 생겼다. 식당이 주거 공간의 하나로 도입된 초기, 식당은 부엌의 한 귀퉁이에 덧붙이는 식이었다. 식당은 그저 부엌에 가까이 있으면서 식탁을 둘 수 있는 공간이면 족했다.

근래 들어 식당은 별도의 공간으로 계획되는 것이 당연하게 여겨질 뿐 아니라 주거 내에서 가장 전망이 좋은 곳에 자리를 잡고 있다. 주택의 식당만 그런 것은 아니다. 외식을 위한 전문 식당 역시 그렇게 진화해왔다. 요즘 사람들은 음식 맛만큼이나 경관을 따진다. 좋은 경치를 감상할 수 있는 곳을 선호한다는 것이다. 음식 맛이 아무리 좋아도 비좁고 경관이 없는 곳이라면 선호 대상에서 밀려나기 일쑤다.

주거 공간에서 화장실이 필수적인 공간의 하나로 자리매김한 것은 매우 오래된 일이다. 하지만 그 위치와 세부적인 기능 측면에선 많은 변화가 있었다. 예전엔 화장실을 뒷간이라 불렀다. 주거 공간의 뒤쪽 으슥한 곳에 위치하면서 넓어봐야 반 평도 채 되지 않는 정도의 면적을 차지하고 있었기에 붙여진 이름이다. 수세식 변기가 등장하기 전까지 화장실은 유쾌하지 않은 냄새가 나는 공간이어서 주택의 주요 공간에서 멀찍이 떨어뜨려놓아야만 했다.

이후 수세식 변기의 도입으로 화장실의 위치에 큰 변화가 생겼다. 사실 화장실은 주택의 주요 공간에 가까이 있을수록 편리한 게 사실이다. 냄새도 나고 또 화장실과 접하는 토양이나 건물 부위가 오염되기 쉬워 따로 떨어뜨려놓을 수밖에 없었을 뿐이다. 이런 문제점을 해결할 수 있는 수세식 변기의 도입으로 화장실을 주택의 주요 공간 가까이 위치시킬 수 있는 기회가 마련된 셈이다. 아울러 화장실의 기능에도 변화가 일어났다. 단순히 용변을 처리하는 기능만이 아니라 몸을 씻는 행위까지도 포함하는 공간으로 확대 발전한 것이다.

　현대에 이르러 화장실은 위치나 면적, 기능만 늘어난 것이 아니다. 화장실의 개수도 늘어났다. 이제 웬만한 평수의 주택이라면 최소 두 개 정도의 화장실은 구비하고 있다. 그리고 이제 화장실은 생리적 요구만을 빨리 해결하고 나오는 공간이 아니다. 사람들은 화장실에서 책을 읽기도 한다. 또 욕조에서 반신욕을 하며 휴식을 취하기도 한다.

　이렇듯 화장실이 생리적 요구를 해결하기 위한 단순한 공간에서 즐기는 공간, 휴식을 취하는 공간으로 변모하면서 화장실의 공간 구성에도 변화가 생겼다. 주목할 만한 가장 큰 변화는 바로 화장실에 창문을 둔다는 것이다. 예전엔 아파트 화장실이 주로 바깥과 접하지 않는 위치에 배치되는 경우가 많았다. 화장실이 기능을 수행하는 데 그런 위치가 적절해서라기보다는, 바깥에 접하지 않는 구역은 불가피하게 생기게 마련이고 그런 위치에 둬도 좋을 만한 공간은 화장실이나 창고밖에 없었기 때문이다. 화장실을 그저 잠시 생리적 요구를 해결하는 공간으로만 인식하고 있었던 것이다. 그러나 근래 화장실은 주택 안 처박힌 공간에서 벗어나 창문을 달고 조망까지 즐길 수 있는 위치로 이동하고 있다. 이제 사람들은 화장실에서 생리적 해결뿐 아니라 정신적 휴식까지 얻기를 기대한다.

식당이나 화장실처럼 우리의 생존을 위한 공간은 정신적인 유쾌함과 휴식을 주는 공간으로 점점 진화하고 있다. 그리고 여가 시간, 일의 시간, 생존을 위한 시간 모두 진화하고 있다. 불가피한 행위를 하는 시간에서 원하는 행위를 하는 시간으로. 이들 시간의 진화는 모두 한 곳으로 수렴한다. 라운징의 시간으로.

# 공간을 만들고
# 마음을 움직이다

### 공간을 영역으로 바꾸는 건축

방을 만들어놓으면 사람들을 머무르게 할 수 있다. 방 두 개를 만들고 그 사이를 통로로 연결해놓으면 사람들을 이동하게 할 수 있다. 건축이 사람들의 행동을 지배할 수 있는 능력은 생각보다 대단하다. 심지어 앉아 있지도 못하게 만들 수 있다. 방 천장을 바닥으로부터 1미터 남짓한 위치에 만들면 된다. 일상에서 쉬이 접할 기회가 없어서 그렇지 이런 공간들도 때때로 사용된다. 감옥이나 예전의 정신병원 같은 곳에서 말이다. 건축은

'휴休'를 위한
공간의 비밀

공간의 구조를 조작해 인간으로 하여금 특정한 경험을 하도록 만들 수 있고 또 그렇게 함으로써 특정한 느낌을 가지도록 만들 수 있다.

　건축이 담아내야 할 인간의 행동은 무척이나 복잡하고 다양할 것 같지만 실상은 그렇지도 않다. 먹고 마시고 떠들고 무언가를 보거나 듣거나 만지면서 즐기고, 때로 격렬한 몸의 움직임을 즐기는 모든 행위들은 크게 두 가지로 분류된다. 하나는 머무르는 행위이고 다른 하나는 이동하는 행위다. 머무르는 행위를 수용하려면 방을 만들고 이동하는 행위를 수용하려면 통로를 만들어줘야 한다. 즉 방과 통로는 건축의 재료가 된다. 방과 통로에 대해 좀 더 자세하게 알아보자.

　보통 방이라 하면 벽으로 둘러싸인 내부 공간을 의미한다. 그리고 방은 건축 공간을 구성하는 최소 단위라 생각하기 쉬운데 그렇지만은 않다. 방 내부에도 다양한 기능이 포함될 수 있다. 가령 방 안엔 침대가 있을 수 있고 책상도 있을 수 있다. 침대는 자는 공간을 그리고 책상은 공부하거나 일하는 공간을 마련해준다. 방이라는 공간 안에 또 다른 공간들이 있는 셈이다. 그런데 침대를 중심으로 이뤄지는 잠자는 공간이나 책상을 중심으로 이뤄지는 공부하는 공간은 벽으로 둘러져 있지 않다. 방이나 침대 공간, 책상 공간은 각각 하나의 단위 공간으로 나눌 수 있다. 하지만 물리적 구성요소를 살피면 큰 차이가 보인다. 하나는 벽이 있고 나머진 없다는 것.

이처럼 단위 공간은 벽이 있을 수도 있고 없을 수도 있다. 그러므로 이런 단위 공간을 포괄적으로 지칭할 때 방이라는 단어는 좀 부적절하다. 굳이 방이라는 단어를 써서 표현하자면 벽이 있는 방과 벽이 없는 방으로 나눠야만 할 것이다. 그래서 방이라는 단어보다는 영역이라는 단어를 사용하는 게 나을 것 같다. 하나의 영역은 그 영역 이외의 공간에서 일어나는 일과는 다른 일이 발생하는 공간이라 생각하면 된다. 이때 이 공간이 벽으로 둘러싸여 있는가 아닌가는 중요하지 않다. 이제 건축의 재료는 방과 통로가 아니고 영역과 통로가 된 셈이다.

통로는 방보다 좀 더 복잡하다. 통로 하면 사람들이 걸어다닐 수 있는 장소로만 생각하기 쉽다. 하지만 건축에서 다뤄야 할 통로는 그것만이 아니다. 우선 시각적 통로가 있다. 어쩌면 이것은 사람들이 몸을 움직여 이동하는 통로보다 더 중요할지 모른다. 시각적 통로는 바로 시선이 움직이는 길이다. 걸어서 이동할 수 있는 모든 통로는 거의 모두가 시각적 통로가 되지만 그렇다고 시각적 통로가 모두 걸어다닐 수 있는 통로가 되진 않는다.

시선의 통로와 함께 소리의 통로도 생각해볼 수 있다. 이런 식으로 통로의 유형을 넓혀가다 보면 건축이 사람들에게 마련해줘야 하는 통로엔 인간의 움직임을 위한 것과, 오감을 위한 것이 있다는 걸 알게 된다. 맛의 통로, 촉감의 통로, 냄새의 통로까지 고려해야 한다는 것이다.

우리의 일상생활이 너무나 움직임과 시선에 집중되어 그런 것이지 나머지 감각들이 부차적으로 사용되는 것만은 아니다. 시각장애자가 사는 집을 한번 생각해보자. 거실에 앉아 있을 때 현관문이 보이는 것이 그에겐 전혀 중요하지 않다. 오히려 현관문을 노크하는 소리를 듣는 것이 더 중요하다. 이런 경우라면 움직임이나 시선의 소통보다는 현관의 소리가 거실에 잘 들리는 구조가 요구된다.

## 자연과 함께하는 공간

20여 년 전쯤 들른 서울 방배동의 어느 카페는 지하에 위치하고 있었다. 그러니 당연히 밖을 내다보는 게 불가능했다. 지하에 위치하면서도 밖의 상황이나 변화를 즐기도록 하고자 흔히 쓰는 수법이 바로 썬큰가든을 만드는 것이다. 썬큰가든은 지하층 벽면과 붙어 있는 땅의 일부를 파내어 만드는 정원을 말한다. 지하층에서 이 정원 쪽으로 창을 내면 햇빛과 바람을 받아들일 수 있다. 이

썬큰가든

정원을 통해 사람들은 햇빛을 보거나 비 또는 눈이 내리는 장면을 감상할 수도 있다.

특히 그 방배동 지하 카페는 아주 재밌는 고안을 해놓았다. 양철로 가로세로 1미터쯤 되는 큰 덕트를 만든 뒤 한쪽 끝은 외부에 설치하고 다른 한쪽 끝은 카페 내부로 들여놓은 것이다. 효과는 아주 좋았다. 외부에 비가 오면 빗방울 떨어지는 소리를 들을 수 있었고 빗물이 덕트를 타고 흘러들어와 카페 한가운데에 꾸며놓은 마당에 떨어지는 모습을 볼 수 있었다. 눈이 바람과 함께 몰아칠 때면 적은 양이긴 하지만 눈이 들이치는 모습도 즐길 수 있었다. 그 카페에서 사용된 통로는 사람 아닌 자연이 움직이는 통로이자, 소리가 이동하는 통로였던 것이다.

인간의 오감 중에 시각이 모든 외부 정보의 95퍼센트를 받아들인다고 한다. 그러다 보니 인간의 생활은 시선 중심으로 돌아가기 마련이다. 건축에서도 마찬가지다. 다른 감각들도 당연히 중요하게 취급돼야 할 것인데 시각이 지배적이다 보니 건축의 공간 구성 역시 시각을 위주로 결정되는 경우가 많다. 하지만 반드시 알아둬야 할 것은 건축의 통로는 사람의 움직임과 시선뿐 아니라 자연의 움직임 그리고 시각 외 나머지 감각을 포함할 수 있고, 또 그래야만 한다는 점이다.

# 영역은
# 어 떻 게
# 만들어지는가

## 경계는 영역을 꽃피운다

건축은 영역과 통로라는 재료를 이용해 사람을 머무르게 하고 또 이동하게 하는 공간을 만드는 작업이다. 우선 두 가지 재료 중 영역이라는 재료에 대해 얘기해보자.

　하나의 공간이 영역으로 성립되기 위해선 우선 경계가 필요하다. 경계는 다양하다. 벽처럼 단단한 물리적인 것에서 바닥에 그려진 패턴과 같은 상징적인 표시에 이르기까지. 경계는 아예 접근을 차단하거나 또는 접근을 주저하게 만들 수 있어야 한다.

'휴休'를 위한
공간의 비밀

가장 견고한 영역은 모든 종류의 접근을 통제할 수 있는 경계를 가진 영역이다. 바닥이 있고 벽으로 둘러싸여 있으며 위쪽엔 천장이 설치된 영역을 생각해보자. 이러한 영역은 물리적 접근을 통제할 수 있으며 시각적 접근을 비롯한 모든 감각기관을 통한 접근을 통제할 수 있다. 이번엔 가슴 높이의 벽으로 형성된 영역을 생각해보자. 이런 벽은 물리적 접근은 통제하나 시각적 접근은 허용한다.

도랑 같은 것도 접근을 통제하는 데 효과적으로 사용될 수 있다. 도랑을 파서 경계를 형성하면 물리적 접근은 통제하고 시각적 접근은 허용할 수 있다. 이번엔 무릎 높이 정도의 벽이나 같은 정도의 깊이를 가지는 도랑을 생각해보자. 이런 경우라면 물리적 접근도 허용되고 시각적 접근도 허용된다.

시각이 아닌 나머지 감각들도 경계를 형성하는 데 적지 않은 역할을 한다. 하지만 건축설계 단계에선 그리 큰 의미를 부여하지 않는다. 왜냐하면 시각 외의 접근은 주로 시각적 접근이나 물리적 접근에 따라 결정되기 때문이다.


## 영역을 만드는 다양한 방법

영역은 벽이나 도랑을 이용해 구축하는 게 일반적이긴 하지만 그

열주로 둘러싸인 공간

게 다는 아니다. 영역을 둘러싸는 경계의 형성은 많은 경우 심리적 작용의 결과로 만들어지기도 한다. 이를테면 여러 개의 기둥으로 둘러싸인 공간을 생각해보자. 기둥 사이로 물리적 접근도 가능하고 시각적 접근도 가능하다. 그러니 나머지 감각에 따른 접근 또한 열려 있다. 그렇다 해서 이런 경계가 영역을 형성하지 못하는 것은 아니다. 로마 바티칸 성베드로 성당 광장을 떠올려보면 금방 알 수 있다. 물리적 접근에도, 시각을 포함한 모든 감각기관의 접근에도 열려 있지만 얼마나 강력하게 하나의 영역을 형성한지를.

'休休'를 위한
공간의 비밀

기둥은 열을 지어 경계를 형성하는 방식으로만 영역을 만들어 내는 것은 아니다. 기둥은 홀로 서서도 영역을 형성한다. 유럽 각지의 광장에서 흔히 볼 수 있는 오벨리스크를 생각해보면 알 수 있다. 벽도 도랑도 아니지만 광장 한가운데 서 있는 오벨리스크는 자신의 주변으로 특별한 영역을 형성하는 걸 알 수 있다. 마치 질량이 있는 물체가 주변에 인력을 미치는 것처럼 홀로 서 있는 기둥 역시 주변에 보이지 않는 힘을 미치면서 그 주변으로 영역을 형성한다. 꼭 기둥만을 말하는 것은 아니다. 한 뭉치의 조각상도, 눈에 띄는 크기와 형상을 가진 한 그루 나무도 같은 기능을 할 수 있다. 영역은 벽이나 도랑 또는 열주로 만들어지는 명확한 폐곡선형 경계에 따라 만들어지기도 하고, 때론 나무나 오벨리스크 또는 조각상과 같은 명확한 점 형태의 물체에 의해서도 만들어질 수 있다.

영역을 형성할 수 있는 또 다른 방법은 높낮이 차이를 이용하는 것이다. 특정 공간을 주변에 비해 높이거나 또는 반대로 낮추면 영역이 형성된다. 그 차이가 크다면 물리적 접근이 통제될 수도 있고 시각적 접근도 통제될 수 있다. 차이가 그리 크지 않다면 시각적으론 접근이 허용되나 물리적 접근은 불가능하게 만들 수도 있으며, 또한 차이를 더욱 낮추면 물리적 접근과 시각적 접근 모두 허용되지만 상징적 차원에서 그 영역을 드러낼 수도 있다.

영역을 만들기 위해 사용되는 수법 중엔 바닥의 패턴을 달리하는 방법도 있다. 바닥의 문양을 달리하거나 색깔을 달리하는 것만으로도 특정한 영역을 형성할 수 있다는 것이다. 영화제 등의 시상식장에서 흔히 동원되는 레드 카펫을 생각해보면 무엇을 말하는지 알 수 있을 것이다. 레드 카펫은 물리적 접근과 시각적 접근이 가능함에도 스타가 아닌 사람들은 감히 발을 내딛을 엄두를 내지 못할 정도로 강력한 영역을 형성한다.

이와 유사한 방법이 하나 더 있다. 바로 천장의 패턴을 이용하는 방법이다. 차일을 쳐놓았다고 생각해보자. 그것은 아주 분명

상부 패턴을 이용한 영역 설정

하게 영역을 형성한다. 차일을 치기 위해 박아놓은 기둥들이 영역 형성에 도움을 주는 것은 분명하지만 그것이 없다 해도 영역 형성이 불가능해지진 않는다. 이를테면 애드벌룬에 차일을 매달아 아래로 쳐놓았다 생각해보자. 기둥 없이도 차일로 덮이는 공간은 하나의 영역을 형성하게 된다.

돔 역시 이런 방식으로 형성되는 영역이다. 돔을 이용한 공간 내부를 상상해보자. 돔 바로 아래 있는 공간과 그 바깥 공간 사이엔 경계가 형성되어 돔 하부가 하나의 영역을 형성하는 걸 경험할 수 있다.

지금까지 살펴본 바와 같이 영역을 만들 수 있는 방법은 다양하다. 그리고 그 다양한 방법들은 모두 특별한 경험을 가능하게 해준다. 같은 위치의 같은 면적을 하나의 영역으로 형성하고자 할 때도 그 경계를 어떻게 만들어주는가에 따라 경험의 종류와 질이 달라지게 된다.

영역의 성격은 경계에 따라 많은 부분이 결정되지만 내부적 속성에 따라서도 크게 달라질 수 있다. 영역의 규모나 장식의 정도가 내부적 속성을 이룬다 볼 수 있다. 큰 영역은 작은 영역에 비해 우월하다는 느낌을 만들어낸다. 영역에 부가되는 장식도 마찬가지다. 장식이 화려하면 할수록 그렇지 않은 영역에 비해 우월하거나 또는 우세하다는 느낌을 만들어낼 수가 있다.

건축은 이처럼 다양한 방법으로 영역을 형성하고 그 영역의 규모와 장식 정도를 조절함으로써 다른 영역과 특정한 관계를 가지도록 만들 수 있다.

# 인간의 오감과 자연을 열어주는 공간

## 통로 만들기

통로 만들기는 주로 영역과 영역 사이를 대상으로 한다. 한마디로 영역 간에 관계를 만들어주는 작업인 것이다. 영역 간 관계는 통로의 속성에 따라 결정된다. 사람이 이동할 수 있는 통로를 어떤 형식으로 만들어주는가, 자연이 이동하는 통로를 어떤 형식으로 만들어주는가, 그리고 오감이 전달될 수 있는 통로를 어떻게 만들어주는가에 따라 통로로 연결되는 두 영역 간에 관계가 형성된다.

A, B라는 두 영역이 있다고 하자. 이들은 어떤 통로로 연결되어 있다. A, B를 연결한 통로가 동일한 것인지 아닌지를 결정짓는 기준은 두 영역 간 이동 거리, 방향이 변화하는 정도, 그리고 이동 중에 거쳐가는 실室 종류다. 이러한 것이 같다면 A, B를 연결한 통로는 어떤 공간 경험을 하게 하는가라는 측면에서 볼 때 동일하다고 볼 수 있다. 건축설계 시 두 영역 사이에 특정한 관계의 통로를 설치한다는 것은 바로 두 영역 간 이동 거리와 방향 변화 정도 그리고 그 사이에 끼어 있는 실들의 종류를 결정하는 작업이다.

## 지구로부터 안드로메다까지의 거리

작업의 실례를 들어보자. 대체로 작가들은 집필실을 별도로 가지는데 소설가 이외수 씨는 주로 집 안에서 글쓰기 작업을 했다고 한다. 집과 집필실이 어느 정도 거리를 두고 떨어져 있는 경우라면 집에서 집필실로 가면서 글쓰기 작업을 위한 마음의 준비를 할 수 있을 것이다. 또한 집필실에서 집으로 돌아갈 때도 마찬가지다. 집으로 돌아가는 중에 머릿속을 비우고 집에서 휴식을 취할 준비를 할 수 있게 된다. 그런데 집 안에 집필실이 있으면 그런 게 불가능해진다.

이외수 씨는 집필실을 집 안에 뒀을 때 생기는 이런 곤란한 점을 해결하기 위해 나름의 고안을 냈다. 집필실 문을 감옥 철창으로 바꿔 단 것이다. 감옥 철창문은 일반적인 주택의 문보다는 확실히 집이라는 영역과 집필실이라는 영역을 강하게 분리시키는 느낌을 준다. 감옥이라는 이미지와 철이라는 자재가 가지는 견고한 느낌 때문일 것이다.

이외수 씨의 고안은 나름대로 의미가 있다. 일반 주택이라는 한정된 공간을 고려한다면 이 해결책은 매우 효과적이다. 그러나 이외수 씨의 고안은 건축적 해결 방식은 아니다. 오히려 인테리어에 가깝다고 봐야 한다. 더욱이 통로의 특성을 결정한다고 했던 세 가지 중 어느 것에도 조작을 가하지 않았다.

이외수 씨의 고민을 건축적으로 또 공간적으로 해결하고자 한다면 아마도 이렇게 될 것이다. 집필실까지의 이동 거리를 좀 길게 늘어뜨린다. 주택 영역에서 집필실까지 가는 길을 직선으로 하지 않고 두어 번 방향의 변화를 준다. 그리고 중간에 주택도 아니면서 또한 집필실도 아닌 어떤 하나의 영역을 거쳐 지나가게 한다.

주택에서 집필실까지의 이동 거리를 좀 길게 한 것은 기분 전환의 시간을 얻기 위한 것이다. 이는 가장 원초적인 고안에 가깝

이동거리, 방향을 고려한 이외수 씨 주택 설계안

다. 큰 숨을 세 번 들이마실 시간이면 살인도 피할 수 있다고들 하지 않는가. 그렇다면 6초 정도 걸어갈 수 있게 마련된 통로, 길이로 환산하자면 대략 5~6미터 정도의 이동 거리는 기분 전환하는 데 충분한 시간을 제공하리라 여겨진다.

　방향 변화를 주는 이유는 걷는 이를 헷갈리게 하기 위함이다. 특정한 두 영역 사이를 지나며 자신이 어디에서 어디로 가는지를 헷갈리게 만들면 출발지의 기억과 감정을 희미하게 할 수 있다. 이런 경험은 대형건물 코어 계단 같은 곳에서 흔히 접하는 것이다. 대형건물의 엘리베이터가 느리기 일쑤니 흔히 계단을 이용하게 되는데 몇 개의 층을 오르내리려면 여러 차례 방향의 변화가 필요하다. 이럴 때 대부분의 사람은 틀림없이 방향 감각을 잃고 만다. 이는 쉽게 길을 찾아가도록 동선을 명확하게 고안해야

'휴休'를 위한
공간의 비밀

한다는 아주 기본적인 건축설계 원칙에서 벗어나는 것이긴 하지만, 출발지와 도착지 사이를 아주 멀게 느껴지게 함으로써 마음과 정신을 새롭게 하기엔 아주 효과적일 수 있다.

다시 또 이외수 씨의 경우를 들어 설명하자면 주택에서 집필실까지 가는 사이에 다른 영역을 끼워넣으면 기분 전환을 하는 데 큰 도움이 된다. 단조로운 풍경만 반복되는 길과, 공원이나 예쁜 기념품 가게들이 늘어서 있는 길을 비교해보면 금방 알 수 있을 것이다. 사람들은 공원이나 기념품 가게라는 영역을 지나면서 그 영역만이 가지고 있는 특유한 분위기에 빠지는 동안 그 이전과는 다른 기분 상태를 가지게 된다.

심리적인 거리를 멀어지게 해 두 영역 간의 거리 관계를 조작하는 방법도 있다. 여기 한 캠퍼스 커플이 있다. 늘 붙어다니는 이 캠퍼스 커플을 떼어놓는 가장 효과적인 방법은 무엇일까? 방법 중 하나는 그 둘 사이에 엉뚱한 사람을 끼워넣는 것이다. 여자를 짝사랑하고 있는 남자를 끼워넣으면 제격이다. 그 순간 이 커플 간의 거리는 지구로부터 안드로메다 정도까지의 거리가 된다.

두 영역 사이에 다른 영역을 끼워넣으면 바로 이런 효과를 거둘 수 있다. 출발지의 기억을 씻어버리고 도착지의 느낌과 동조할 수 있는 영역이라면 더욱 좋다. 이외수 씨의 경우라면 주택과

대형건물 내부 계단

집필실 사이에 손님을 위한 공간을 끼워넣는 게 적격이다. 이 공
간은 주택에서 집필실로 갈 때라면 주택에서 일어난 일들을 잊게
해주고, 그 반대라면 집필실에서의 작업을 더 이상 떠올리지 않
게 도와주는 기능을 할 것이다. 아니면 외부 공간을 끼워넣는 방
법도 있다. 말하자면 집필실을 별채로 두는 것이다. 한 겨울엔 추
워서 불편이 좀 따를 수 있지만 그 추위가 오히려 주택과 집필실
사이의 심리적 거리를 형성하는 데 도움을 줄 것이다.

## 오감의 통로

이제 오감의 통로에 대해 생각해보자. 오감 중에서 가장 영향이 큰 것은 역시 시각이다. 시각의 통로는 고려 대상인 두 영역 간의 시야 확보 정도를 결정한다. 다시 말해 두 영역이 서로 잘 보이게 할 것인가, 살짝 보이게 할 것인가, 또는 보이지 않게 할 것인가를 이 시각의 통로를 이용해 결정한다는 것이다. 어느 한 영역에서 다른 영역을 볼 수 있다는 것과 보지 못한다는 것은 공간 경험에서 아주 큰 차이를 만들어낸다. 다시 이외수 씨의 집필실 예로 돌아가보자.

이동 거리와 방향 변화 그리고 영역 끼워넣기를 고려해 본채로부터 거리를 좀 두고 집필실을 별채로 구성했다. 별채 출입구로 들어서기까지 몇 번의 방향 변화가 일어나도록 동선을 꺾어놓았다. 그런데 시각 통로는 아직 고려하지 않은 상태다. 별채를 안채에서 바로 보이게 할 수도 있고, 대지의 경사를 이용하거나 또는 벽을 세우거나 나무를 심어 보이지 않게 할 수도 있다. 이 두 가지 대안 중 과연 어느 것이 안채에서 별채로 이동할 때의 기분 전환을 더 용이하게 해줄까? 그렇다. 안채와 별채가 서로 볼 수 없도록 만드는 편이 더 효과적이다.

사실 시각 외에 다른 감각은 건축 공간 설계에서 그리 고려되

이동거리, 방향, 시지각을 고려한 이외수 씨 주택 설계안

진 않는 편이다. 그래도 그중에서 좀 더 고려 대상이 되는 감각을 꼽자면 청각과 후각이다. 건축설계 때 듣고 싶은 소리의 발생원이 있다면 그 영역을 향하는 통로를 열어두면 된다. 반대로 듣기 싫은 소리의 발생원이 있다면 통로를 열지 않으면 된다. 청각이 작용하는 통로는 시각과 유사하게 작용한다. 보이면 들린다는 얘기다. 물론 보이지 않더라도 들리는 경우 또한 있다. 청각의 통로는 보이는 관계로 열어둘 수도 있고 보이지 않는 관계로 열어둘 수도 있다.

　때로 시각적 감시가 불가능한 곳을 청각적으로 감시하려고 청각의 통로를 사용하기도 한다. 또는 시각적 감시가 너무나 노골적이다 싶을 때 그보다 덜한 청각적 감시를 사용할 수도 있다.

　주택에서 보자면 이런 일은 아이들 방과 어른들이 거주하는 방 사이에서 일어날 수 있다. 부모들은 아이들의 일거수일투족을 다 알고 싶어 한다. 특히 아이들이 사춘기라면 더더욱 그렇다. 그런데 그 나이 때 아이들은 예민하기 그지없다. 그들을 시각적으로 감시한다는 건 전쟁하자는 것이나 다름없다. 이럴 때 동원할 수 있는 것이 바로 청각적 감시다. 방법은 간단하다. 문에다 귀를 대고 가만히 들어보는 것이다. 정말 굳이 이런 일을 감행하려 한다면 주택의 공간 구성을 홀 형식으로 하면 좋을 것이다. 그러면 자연스럽게 아이들 방의 소리를 엿들을 수 있다.

후각의 통로가 건축설계에서 고려될 때는 대개 좋지 않은 냄새를 피하려 할 때다. 식당 냄새나 화장실 냄새가 대표적이다. 연구소나 대학과 같은 시설에선 화학 물질을 사용하는 경우가 종종 있는데 이럴 때 발생하는 냄새도 피해야 하는 대상에 속한다.

냄새를 피하게 하는 방법은 간단하다. 거리를 두거나 견고한 벽으로 분리하면 그만이다. 하지만 그것이 좋은 냄새이고 그것을 활용하려 한다면 얘기는 달라진다. 좋은 냄새로부터 오는 통로를 열어둬야 하는 것이다. 냄새는 바람을 타고 오는 것이니 바람 길을 열듯이 통로를 열어놓으면 된다. 시각 통로처럼 직선으로 열려 있어도 좋고 청각의 통로처럼 조금은 구부러져 있어도 상관없다.

세상에 좋은 냄새는 많다. 그렇지만 냄새를 활용해 건축 공간을 설계한 사례는 거의 없다. 그렇지만 후각의 통로를 적극적으로 활용하는 건축설계의 가능성에 대해 말하는 것은 어렵지 않다. 특히 고급 레스토랑의 주방에서 나는 냄새는 잘 활용한다면 긍정적인 효과를 줄 것이다. 주방과 객석 사이에 후각의 통로를 연결한다면 음식 기다리는 시간이 덜 지루하게 느껴질 수도 있다. 맥주 홀에서도 마찬가지다. 오크통 속에서 술이 익어가는 향은 꽤 좋은 냄새다. 지하의 오크통에서 술이 익어가는 냄새를 그냥 두고 이용하지 않는 것은 아까운 일이다. 지하의 오크통 저장 탱크와 객석을 연결하는 후각의 통로를 한번 고려해보면 어떨까.

촉각과 미각은 인간의 중요한 감각임엔 틀림없지만 건축 공간 설계와는 그다지 큰 연관이 없다. 실제로 건축 공간 설계에서 촉각이나 미각을 고려한 예는 찾아보기 힘들다.


## 자연의 통로를 열다

이제 남은 통로는 자연의 통로다. 자연에 속하면서 인간의 거주에 영향을 미치는 것은 햇빛과 바람 그리고 비와 눈이다. 햇빛과 바람은 실용적인 면에서 봤을 때 채광과 통풍을 위한 것이 된다. 채광은 실내의 조도를 필요한 만큼 확보해줄 수 있다. 창의 위치와 크기 그리고 형태를 조절해 실내로 유입되는 햇빛의 양을 조절한

'휴休'를 위한
공간의 비밀

다. 채광은 조도를 위해서뿐만 아니라 실내의 위생 상태를 적절히 유지하기 위해서도 필요하다. 자외선이 그런 효과와 관련이 있다.

햇빛을 이용하는 자연 채광은 조도 유지와 세균 번식 억제와 같은 실용적인 기능 외에도 실내의 분위기를 원하는 대로 연출할 수 있게 도와주는 기능도 있다. 실내로 유입되는 빛의 성격과 양을 적절히 조절하면 원하는 실내 분위기를 얻을 수 있다. 커튼월과 같은 너른 창은 실내를 밝은 분위기로 만들어준다. 천공광이나 또는 한 번 벽에 반사되어 실내로 유입되는 빛은 실내를 차분한 분위기로 만들어준다. 때로 물과 빛을 조합해 사용하기도 한다. 물에 반사되어 실내로 유입되는 빛은 물 표면이 바람에 흔들릴 때마다 유입되는 빛의 양과 각도가 변화하면서 실내 분위기를 다양하게 연출할 수 있다.

바람은 실내에 적절한 수준의 산소를 공급하고 좋지 않은 냄새를 제거해주는 기능을 한다. 바람 역시 창에 의존한다. 창의 주기능은 조망과 햇빛의 유입에 있기 때문에 바람에 대한 고려는 부차적인 것이 된다. 하지만 바람의 통로라는 것을 좀 더 적극적으로 고려할 필요도 있다.

비나 눈의 통로를 적극적으로 고려한 건축적 사례는 찾아보기 힘들다. 하지만 방배동 어느 카페의 사례에서 봤듯이 그러한 시도는 건축 공간에 색다른 묘미를 가져다줄 수 있을 것이다.

PART
2

공간, 마음을 껴안다

우리에겐 정신적 피로를 씻어주는 휴식과 함께 다시 살아갈 힘을
얻을 수 있도록 건축된 라운징 공간이 필요하다. 이제부터 우리 주
변에서 흔히 발견되는 라운징 공간들을 살펴보려 한다. 호텔 라운
지나 카페 말고도 그런 효과를 얻을 수 있는 숨겨진 보물과 같은 공
간들이 있다.

주변에 흔하게 널려 있지만 우리가 평소 의식하지 못했던 공간들이
눈앞에 찬연히 나타나게 될 것이다. 이것이 바로 세렌디피티<sub>Serendipity</sub>
가 아닐까. 우연히 만나게 된 뜻밖의 발견. 이제부터 진정한 '휴休'
를 위한 그 공간들로 산책을 떠나보자.

# 커피 대신
# 사 람 의   온 기 를
# 마시다

## 공간의 주인이 되다

단정한 유니폼의 종업원이 손님을 맞는다. 가게에 손님이 있고 그들을 맞이하는 종업원이 있는 건 당연한 것이지만 이곳은 좀 다르다. 이곳 여종업원은 살짝 미소 띤 얼굴로 손님을 바라볼 뿐 '어서 오세요'라는 인사조차 건네지 않는다. 손님은 일단 매장 안을 쓱 둘러보곤 마음에 드는 자리가 있는지를 확인한다. 커피 그리고 쿠키나 케이크를 확인하는 것은 그다음 일이다.

**공간,**
**마음을 껴안다**

카페 카운터

　이곳을 찾는 손님에게 가장 중요한 것은 역시 마음에 드는 자리다. 누군가에게 마음에 드는 자리는 대체로 다른 사람들에게도 인기가 많은 법이지만 개인별로 차이가 있긴 하다. 어떤 사람은 매장 밖 풍경이 내다보이는 자리를 좋아하며 또 어떤 이들은 타인의 시선으로부터 자기 모습을 감출 수 있는 구석 자리를 선호한다. 물론 언제나 특정한 자리만을 선호하는 이들만 있는 것은 아니다. 평소 구석진 자리를 좋아하는 사람이라도 날씨가 정말 화창한 날이면 슬그머니 창가 자리로 향하는 이들도 있는 것이다.

마음에 드는 자리를 찜해두고 나면 이제 카운터의 그녀와 눈을 마주칠 차례다. 그녀와 눈을 마주치는 행위가 자연스러운 것은 그녀의 머리를 살짝 넘어선 곳에 메뉴판이 마련되어 있기 때문이다. 메뉴판이 그 자리에 없었다면 그녀와의 눈맞춤은 조금 부담스러운 게 됐을지도 모른다. 사실 여기서 파는 메뉴들을 익히 아는 손님들은 굳이 메뉴판을 눈여겨볼 일도 없다. 그럼에도 그들이 굳이 메뉴판을 살피는 것은 종업원과의 눈맞춤에 대한 부담을 덜기 위함이 아닐까.

메뉴판을 살펴보면 메뉴마다 가격 차이가 그리 크지 않음을 알 수 있다. 다 고만고만한 가격대다. 뭔가 이유가 있지 않을까? 한번 백화점 매장에 들렀다 상상해보자. 숙달된 종업원은 마음속으로 얼른 손님의 모습을 살펴본 뒤 그의 구매력을 가늠한다. 그러고는 가늠한 그 금액보다 약간 더 비싼 상품을 추천하는 것이다. 물론 그가 말하는 추천 이유는 손님에게 무척 잘 어울린다는 것이고 늘 그렇듯 요즘 그 상품이 유행이라는 말을 덧붙이기 마련이다. 종업원의 짐작대로 그 상품은 역시 손님에게 부담이 될 만한 것이다. 손님은 좀 싼 것은 없냐고 물어보고 싶지만 그럴 필요가 없다. 이미 종업원이 간파하고 있기 때문이다. 이제 종업원은 싼 거라는 표현 대신 좀 저렴하다 또는 경제적이라는, 즉 손님의 심경을 거스르지 않는 단어를 능숙하게 골라 써가며

다른 상품을 권유하기 시작한다. 그 상품은 이미 종업원이 마음 속으로 손님의 구매력에 맞춰 꼽아둔 것이다.

이처럼 비싼 물건과 싼 물건이 섞여 있는 곳에선 늘 선택에 대한 갈등과 부담감이 따른다. 때로 체면을 의식해 비싼 것을 마지 못해 고르는 경우도 있다. 직장에선 직위고하 또는 연봉 차이로 기분이 상하고, 학생들은 성적 때문에 기분이 상하기도 한다. 어디든 차별이 존재한다. 자본주의 시장에서 요구하는 경쟁에 따르다 보면 자신이 열등한 인간이라는 걸 잊고 살 만한 공간은 세상 어디에도 없는 듯하다.

카페 내부

공간의 주인이 된 듯한 느낌을 주는 자리에서

메뉴판에 적힌 가격 차이가 크지 않다 보니 돈이 부담되어 싼 것을 선택해야만 하는 불편한 마음이 생길 일이 없다. 또 체면을 의식할 필요도 전혀 없다. 그래서 방금 전 종업원과의 눈맞춤이 그리 불편하지 않았던 것처럼 또 한 번 마음이 편해지는 걸 경험하게 된다. 이제 오늘의 날씨나 자신의 기분 상태에 맞춰 찜해뒀던 자리에서 커피를 즐기기만 하면 된다.

사람들이 이 카페에서 커피와 함께 구매한 것은 바로 공간의 주인이라는 자리다. 아르바이트생으로, 또 직장인으로 일하면서 그들은 스스로 공간의 부속물 같다고 느낄 때가 많을 것이다. 그저 그 공간에서 필요한 기능을 잘 수행하는……. 이런 그들이지만 이 카페에서만큼은 온전하고 안온한 공간의 지배자가 되는 것이다. 그리고 공간은 그들을 위해 기꺼이 봉사한다.

어느 한 사람이 지배자가 되었다 해서 그 안에 같이 있는 다른 사람이 공간의 지배자가 되지 못하는 것은 아니다. 카페에선 모두가 지배자이자 주인이다. 복수의 지배자가 용납된다. 이 점 때문에 이곳 카페라는 공간은 더욱 특별해진다. 공간의 지배자가 되어 한낱 부속물처럼 여겨지는 자신의 처지를 잊게 되는 것이다.

현재 이 공간의 지배자 중 한 사람은 이곳에 들어오기 전까지 일터에서 많은 사람과 마주했다. 그런데 그는 이렇게 토로하는 것이다. 많은 사람을 만났건만 왠지 사람이 더 그리워졌다고. 일터에서 많은 사람들과 함께했음에도 왜 그는 사람이 그립다 하는 걸까?

그가 일터에서 만난 사람들은 대략 두 부류로 나뉜다. 무슨 일인가를 자신이 해줘야 하는 사람이거나 자신이 하는 일을 잘하고 있는지 감시하는 사람. 그런 업무 관계에 놓여 있다 보면 사람들 간에 진정으로 소통하고 온기를 나누는 만남이 이뤄질리 만무하다. 사람이 더욱 그리워질 수밖에 없는 환경인 것이다.

일터가 아닌 카페에서 함께하는 사람들은 서로 감시의 대상이

사람들과 적당한 거리를 두고 함께하는 기분을 즐길 수 있는 공간

아니다. 비록 말을 건네지 않고 눈길을 확실하게 주고받진 않지만 간간이 들리는 목소리와 그들이 쾌활한 날갯짓을 할 때마다 느껴지는 퍼덕거림이 사람과 함께 있다는 느낌을 갖게 하기에 충분하다. 이곳 카페에서 사람들은 모두 공간의 지배자로서 서로 공동체 의식을 나눠가진다.

　카페에서 공간의 지배자가 될 수 있는 것은 그리고 복수의 공간 지배자가 용납될 수 있는 것은 이곳 공간의 독특한 구조 때문이다. 카페 안엔 다양한 특징을 가지는 자리가 있을 수 있다. 길을 지나가는 사람을 볼 수 있는 창가 자리도 있고 후미진 구석 자

**공간,**
마음을 껴안다

리여서 나를 살짝 숨길 수 있는 자리도 있다. 여러 명이 같이 앉을 수 있는 자리도 있고 반면에 혼자 앉을 수 있는 자리도 있다.

여기서 하나 짚고 넘어가면 좋을 것은 여러 명이 앉을 자리긴 하지만 흔히 말하는 단체석이라는 개념의 자리는 없어야 한다는 점이다. 단체석이 있으면 그들이 공간의 전체적인 분위기를 너무 주도해 몰아가게 되기 때문이다. 단체가 지닌 수적 우세와 그 수적 우세로부터 불가피하게 나타나는 조금은 억압적일 수밖에 없는 소음과 시각 감시의 강도가 문제다. 이러한 것들이 단체석을 차지한 사람들을 더 우월한 공간 지배자로 만들 수 있고, 그러면 복수 지배자가 누리던 균형은 깨지고 만다.


## 어항 옆자리

서열이 없는 카페 공간의 특성은 예전 다방의 공간과 비교하면 더욱 두드러진다. 다방은 문을 열고 들어서면 가장 눈에 띄는 좋은 자리가 있다. 거기는 대개 다방 주인인 마담이 쉽게 다가올 수 있는 자리다. 그리고 그 자리 옆에는 어김없이 어항 하나가 덩그러니 놓여 있기 마련이다. 어항 속엔 원색의 열대 물고기가 지느러미를 흐느적거리고 있다. 그 자리가 좋은 자리임을 알려

어항 옆자리

주는 건 그것 말고도 또 있다. 그 자리는 여름엔 에어컨 바람이 잘 와 닿는 자리이면서 겨울엔 그 옆에 난로가 놓이는 자리라는 것. 하지만 무엇보다 가장 중요한 것은 마담이 다가와 앉기에 가장 자연스러운 자리라는 점이다.

아무튼 그 자리는 다른 자리들과 명확하게 구분이 된다. 다방 안에서의 자리 서열은 그 자리를 중심으로 전개된다. 그 자리에서 멀어질수록 덜 좋은 자리가 되는 것이다. 그리고 대개는 구석진 자리가 가장 덜 좋은 곳이 된다. 특별히 아주 은밀하게 얘기할 거리가 있지 않다면 별로 찾지 않는 자리다. 그곳은 통풍도 안 좋고 대개는 일 년 내내 햇볕 한 번 들 일이 없는 자리여서 심지어

**공간,**
**마음을 껴안다**

곰팡이 냄새가 나기도 한다.

다방의 자리 배치에 서열이 있다는 걸 분명히 알려주는 것은 이러한 물리적 구조가 아니다. 거기엔 무언으로 전해지는 압력이라는 게 있다. 가장 좋은 어항 옆자리는 아무나 앉는 자리가 아니다. 다방에 들어서면서 그 자리가 비어 있다고 덜렁 앉으면 안 된다. 아니 앉을 수가 없다. 그 자리에 앉을 자격이 없는 사람이라면 마담의 눈총을 맞게 될 것이므로. 그 자리는 동네 유지들의 자리다. 동네에서 잘나가는 사람, 그리고 비싼 차를 시켜서 마시는 사람이 앉는 자리다. 그 자리에 앉는 사람이라면 당연히 마담과 흔히 레지라 불리는 종업원 아가씨들에게도 비싼 차를 돌릴 마음의 준비가 되어 있어야 한다.

이렇게 다방의 자리 배치를 들여다보고 나면 이곳 카페의 자리 배치가 얼마나 동등하게 이뤄졌는지 더욱 동감할 수 있을 것이다. 이곳엔 그야말로 중심이 되는 자리가 없다. 조금 다르게 꾸며져 있을 뿐이다.

다방과 카페를 비교하면 알게 되는 또 하나의 특징은 다방 의자나 테이블이 매우 육중한 모양새를 가지고 있는 데 반해 카페의 그것들은 상대적으로 가벼운 모양을 하고 있다는 점이다. 다방 의자는 대개 부피가 크다. 사람이 앉으면 푹신하게 눌러지면서 사람을 감싸안는다. 카페 의자는 하부가 상당히 개방되어 있

다방 의자

카페 의자

는 데 반해 다방 의자는 아랫부분이 통자로 만들어져서 자신이 차지하고 있는 영역을 확고하게 다지는 형상이다. 그렇게 다방 의자와 테이블의 육중함은 자기 자리를 굳은 바위처럼 지키고 앉아선 경계를 분명히 긋고 자신의 영역을 주장한다. 그 경계가 분명하고 영역성이 확고히 드러나는 만큼 다방의 사람들은 서로 다른 의자에 앉은 이와 교류하려 들지 않는다.

카페 의자는 날렵하다. 개방적인 하부 형태가 그런 느낌을 강하게 만들어준다. 물론 상부의 구조체도 가볍게 만들어지긴 마찬가지다. 테이블도 마찬가지로 가벼운 느낌을 준다. 그러다 보니 제 영역성을 다방 의자나 테이블만큼 강하게 주장하지 않는다. 카페 의자와 테이블은 경계도 모호하고 영역을 확정적으로 주장하지도 않는다. 그리하여 카페 의자에 앉은 사람들은 적당한 거리를 두고 서로서로 소리와 몸짓 그리고 사람의 온기를 부담스럽지 않게 느낄 수 있는 기회를 얻게 된다.

다방과 카페의 비교는 조명의 밝기로도 가능하다. 다방은 좀 어둡다. 다방은 대개 지하에 자리잡는 경우가 많은데 그러므로 불빛을 따로 밝히지 않는다면 어두운 게 당연하다. 다방이 지상에 자리를 잡더라도 적지 않은 경우 창을 불투명하게 만들기 때문에 밖이 잘 보이지 않는다. 아마도 밖을 보지 못하게 하려는 의도보다는 밖에서 안이 들여다보이는 걸 막으려는 의도일 것이다.

이에 반해 카페는 밝다. 내부를 환하게 밝힌 조명과 밖을 훤히 볼 수 있고 밖에서도 안을 훤히 들여다볼 수 있게 한 너른 창 때문이다. 다방은 어둠으로 타인의 시선을 차단하고 자리별로 은밀한 영역을 만든다. 카페는 밝음으로 타인과의 시선 교류를 가능하게 한다. 이 시선은 카페 내부에 있는 사람들만이 아니라 카페 밖으로까지도 이어진다. 백화점에서 물건을 사지 않고 눈으

창밖의 사람이 내려다보이는 카페 내부

로만 즐길 수 있는 것처럼 카페에선 눈에 띄게 무례하게 굴지만 않는다면 흘낏흘낏 사람을 바라보는 데 부담이 없다. 다시 말해 이런 시선의 소통이 이뤄지니 인간의 온기를 나눠가지는 데 부족함이 없다는 것이다.

그런데 내부에서의 시선 교환이 지극히 평등한 반면 카페 내부와 외부와의 시선 교환은 약간의 불평등이 서려 있는 게 사실이다. 카페 내부에서 외부를 바라보는 시선엔 아무래도 그 반대의 시선에 비해 좀 더 안정적인 편안함이 담기게 된다. 카페 안이라는 영역이 주는 안정감 때문인 것이다. 이런 상대적인 우월성이 공간의 지배자가 된 느낌을 더해주는 동기로 작용하기도 한다.

## 사람의 온기가 깃든 공간

카페 내부 공간의 특징을 살펴보자면 내부 좌석의 자리 배치가 획일적이지 않다는 점을 빠뜨려선 안 된다. 좌석들 사이를 구획하는 격자 모양의 반듯한 통로를 가능하면 두지 않는다. 4인 조합으로 이뤄지는 획일적인 가구의 조합도 지양한다. 4인 조합과 2인 조합을 섞기도 하고 때로 1인석을 사이사이에 끼워넣기도 한다. 공간이 모자라거나 공간의 특이한 구조 때문에 하는 수 없이 그리 배치하는 게 아니다. 약간은 복잡하게 보일 수도 있는 통로 구성과 다양한 크기의 단위 공간 조합이 카페의 특징이다. 이런 특징을 한마디로 요약하자면 내부 공간에 특정한 방향성이 없다는 것이다. 특정한 방향은 방향축을 따라서 공간의 우열을 나눌 뿐만 아니라 그 방향은 시선의 자유로운 소통을 가로막는다.

카페의 자유로운 자리 배치는 손님들이 시선을 어느 한 곳에 고정할 필요 없이 여기저기를 바라보는 것이 자연스러울 수 있도록 해준다. 이런 자연스러움을 느끼다 보면 카페를 찾은 본연의 목적을 더 쉽게 달성할 수 있게 된다. 부담 없는 시선의 교류를 통해 어느새 경직된 마음이 풀리고 주위 사람들이 흘리는 온기에 위안과 편안함을 느끼게 되는 것이다.

카페 내부의 다양한 좌석 배치

　　일터에서 주고받는 감시의 눈길이 아닌 사람의 온기가 그리운 사람들. 경제적으로 어렵거나, 바쁜 일상에 쫓기거나 하는 것은 그리 문제가 되지 않는다. 우리가 굳이 카페라는 공간을 찾아 시간을 보낼 때 얻게 되는 것은 공간의 부속물이 아닌 당당히 공간의 주인으로서 느끼게 되는 만족감이며 또한 부담 없고 자연스런 시선 나눔을 통한 사람들의 온기다.

# 도서관 서고
# 한
# 귀 퉁 이 에 서

## 몸과 마음을 치유하는 힐링 공간

한 100여 년 전쯤의 만경평야 외딴 마을을 한번 떠올려보자. 마을은 저 멀리 넓디넓은 평야 한가운데에 자리잡고 있다. 외따로 떨어져 있다는 느낌을 지울 수가 없다. 주변에 온통 논이고 흔하게 볼 수 있는 나지막한 구릉 하나 없다. 때때로 하늘을 떠가는 구름들과 뜨고 지는 해를 빼고 나면 시간의 흐름에 따라 변화하는 걸 쉬이 포착하기 힘든 정말 한적한 곳이다.

만경평야는 일제강점기의 쌀 수탈사를 고스란히 품고 있는 곳이다. 이렇게 만경평야라는 공간과 일제강점기라는 시간을 겹쳐 놓고 보면 외따로 떨어진 느낌은 더욱더 커진다. 고려나 조선이나 일제강점기나 과거의 시간인 것은 마찬가지다. 하지만 보통 한국인들에게 고려는 조선으로 이어지고 조선은 현대로 이어지는, 즉 시간의 연속선상에 있다고 여겨진다. 하지만 일제강점기는 별도의 시간이다. 우리가 사는 현대와 이어지는 과거의 시간이 아니라 별도로 분리된 시간. 역사에서 도려내고 싶은 짧고도 긴 수난의 시간. 일제강점기라는 분리된 시간은 만경평야 속 외딴 마을의 한적함을 더해준다.

한적한 곳 하면 으레 이렇게 시간적으로 또 공간적으로 먼 곳이면서 사람이 많이 모여 살지 않는 장소를 떠올리기 쉽다. 그런데 사람이 많아 복작거리면서도 한 모퉁이만 돌아서면 한적함이 만경평야 외딴 마을 못지않은 곳들이 도시 곳곳에 숨어 있다. 우리가 주변에서 흔히 접하는 도서관에도 그런 곳이 있다.

도서관은 이른 새벽부터 북적인다. 아직 해도 뜨기 전 어둠이 채 가시지 않은 무렵 젊은이들이 긴 줄을 선 채 입장할 차례를 기다린다. 고시생과 취업준비생 그리고 시험 기간을 맞아 공부를 하러 온 학생들이다. 이른 새벽부터 이들의 근면 성실함에 몸살을 앓아야만 하는 도서관 내부는 문이 닫히는 그 시간까지 이 절박한 젊은 군상들로 붐빈다. 로비를 비롯해 열람실, 휴게실……

**공간,**
**마음을 껴안다**

그 어디 한 군데 편안하게 쉴 만한 장소가 있을 것 같지 않다. 공부 중간중간 찾게 되는 휴게실조차 사람들로 넘쳐난다.

이렇게 많은 사람으로 넘치는 도서관이지만 잠시나마 한가롭게 있을 만한 곳을 찾고 싶다면 서고로 가면 된다. 개가식 서고가 아니라 폐가식 서고를 찾아야 한다. 개가식 서고엔 공부에 도움이 될 책을 급히 찾는 사람들로 역시나 북적일 것이다. 사람들이 별로 찾지 않는 책들만 모아놓은 곳으로 가야 한다. 그곳이 바로 폐가식 서고다. 폐가식 서고 중에서도 귀중본 보관 서고 같은 곳을 찾아가면 더욱 좋다. 그런 곳은 출입을 위해 별도의 출입증을 만들어야 하는 번거로움도 있기 때문에 출입하는 사람의 수가 적다.

폐가식 서고는 뜻밖에도 도서관의 중앙 부분을 차지하고 있다. 도서관은 대체로 서고를 중심으로 열람실을 배치하는 공간 구조를 가지고 있기 때문이다. 도서관 내에서도 가장 사람이 많고 또 끊임없이 지나다니는 곳은 대출대 자리다. 그리고 이 대출대는 도서관의 주출입문과 이어지는 메인 로비에 있기 마련이다. 이 대출대를 지나서 한 모퉁이만 돌아가면 이 세상 어느 오지보다도 더 한적한 곳인 서고가 나온다.

서고에도 조명은 설치되어 있지만 어둠을 쉬이 물리치진 못한다. 켜켜이 자리잡고 서 있는 서가들이 조명 빛이 닿을 수 있는 거리를 매우 제한적으로 만들기 때문이다. 키 크고 잎이 무성한 나무들이 햇빛을 가려 한낮에도 어두운 숲 속 같은 느낌이랄까. 사람이 별로 없다는 한적함과 약간의 어둠은 복잡함과 부산함에 지친 몸의 피로감을 덜어준다.

폐가식 서고는 책을 가지고 나갈 수 없게 되어 있다. 서고 안에서 책을 읽고 필요한 것이 있다면 특별 대출 신청을 하거나 복사를 해야 한다. 그러다 보니 늘어선 서가 한 귀퉁이엔 의자와 책상 몇 개가 늘상 마련되어 있다. 그런 공간을 흔히 캐럴이라 부른다. 그곳에 앉으면 사람들에게 치이지 않을 수 있다.

열람실에서 미친 듯이 공부할 때 자신은 스스로를 위해 존재한다기보다는 아무래도 공간을 위해 존재한다는 느낌이 강하다. 공부에 얽매인 채 열람실이라는 공간의 기능을 완성하는 하나의 도구에 불과한 존재 말이다. 그에 반해 서고의 공간과 책들과 시간은 온전히 자신을 위해 존재한다. 빡빡하게 자신을 얽어매는 것들로부터 자유로워질 수 있는 공간. 그러므로 서고에선 공간의 주인이 되는 만족감을 충분히 누릴 수 있다.

서고의 좋은 점은 단지 공간의 주인이 될 수 있다는 것만이 아니다. 그곳에선 타인의 시선에서 한참 벗어나 있을 수 있다. 내 몸과 내 눈에 끈적끈적하게 달라붙는 타인의 시선을 떼어버리고 자유로움을 느낄 수 있는 공간인 것이다. 또 공간적 여유가 없는

**공간,**
마음을 껴안다

열람실에서 받는 갑갑한 스트레스에서 벗어나 편히 숨쉴 수 있는 공간이 바로 서고다.

취업 걱정을 하는 부모의 시선을 피해 도서관으로 피신한 젊은 이들도 많을 것이다. 그리고 도서관을 찾았는데 또다시 그 안에 도사리는 수많은 시선들과 스트레스를 겪는다면 얼마나 괴로울 것인가. 그럴 때는 서고로 피신하자. 서고는 이 시대 백수로 사는 젊은이를 위한 해방 공간이자 몸과 마음을 치유하는 힐링 공간이라 할 수 있다.

도서관 서고가 이렇게 좋은 힐링 공간이 될 수 있는 것은 이 장소가 세상의 번잡함과 얽매임으로부터 벗어나 있다는 느낌을 줄 수 있기 때문이다. 엄한 세상의 규칙과 영향으로부터도 어느 정도 무관해질 수 있는 물리적 조건을 제공하기 때문인 것이다. 지금부터 이를 가능하게 하는 서고의 건축적 공간 구조를 한번 살펴보자.

## 분리된 느낌을 주는 한적한 공간

일반적으로 무엇인가로부터 떨어지거나 격리되어 그 영향을 받지 않으려면 기본적으로 필요한 게 바로 거리와 시간이다. 거리가 멀면 멀수록 떨어져 있는 느낌, 즉 분리되어 있는 느낌이 강해지기 마련이다. 이를 위해 가장 쉽고도 확실한 방법은 실제로 거리를 멀게 하는 것이다.

하버드대학교 중앙도서관인 와이드너 도서관을 그 예로 들 수 있다. 와이드너 도서관을 가보면 서고까지 가는 길에 노란 테이프가 바닥에 붙여져 있는 걸 볼 수 있다. 서고를 가려면 이 테이프를 놓치지 않고 따라가야 한다. 그런데 이 테이프가 인도하는 길이 만만치가 않다. 지하 통로를 통해 건물 사이 중간 마당인 중정中庭을 가로질러 다른 건물로 들어섰다가, 또 그 건물의 긴 복도를 따라 움직이다가 다시 몇 번의 방향 전환을 한 뒤에야 비로소 서고에 도착할 수 있다. 그렇게 서고에 도착하고 나면 이 서고를 오기 위해 최초 진입했던 건물에 대한 기억은 희미해져버린다.

서고가 세상 잡다한 일로부터 분리된 공간이 되길 원한다면 이렇게 멀찍이 떨어뜨려놓으면 된다. 하지만 이것이 적절한 해결 방법은 아니다. 그런 공간을 만들어낼 수 있을 정도의 대지 조건이 허락되는 경우가 드물기 때문이다. 설령 대지 조건이 허락된다 해도 도서관의 본래 기능이 서고를 분리해 힐링 공간을 만드는 것이 아니기 때문에 무한정 거리를 두는 것은 상식적인 해결 방법이 아니다. 그렇다면 다른 방법은 없을까?

거리를 필요한 만큼 떼는 것이 어렵다면 그다음으로 생각해볼

수 있는 방법은 바로 방향을 이용하는 것이다. 좀 더 정확하게 말하자면 방향의 변화를 이용하는 것이다. 앞서 언급한 와이드너 도서관에서도 발견되는 방법이다. 로비나 대출대와 같이 사람이 많이 모이는 출발점으로부터 서고까지 도달하는 중간 과정에서 방향을 여러 번 틀도록 하는 것이다. 와이드너 도서관은 방향의 변화를 일부러 만든 것은 아니다. 기존 건물을 리모델링해 서고로 사용하는 과정에서 불가피하게 나타난 구조였던 것이다. 이러한 방향 변화는 불편함을 주기도 하지만 서고로 가는 경험을 아주 독특하게 만들어주는 역할을 하기도 한다.

도서관의 서고가 사람이 많은 출발점으로부터 분리된 느낌을 주는 것은, 그리하여 결국 세상의 번잡함으로부터 벗어난 듯한 경험을 할 수 있게 해주는 것은 상당 부분 이러한 방향 변화에서 기인한다. 로비에서 대출대 옆 통로를 지나고, 그 통로가 여러 차례의 방향 변화를 연출하는 동안 사람들은 로비로부터 아득히 멀어지는 느낌을 가지게 되는 것이다.

거리와 방향 다음으로 적용되는 것은 시각이다. 아무리 거리가 멀다 해도 그리고 방향 변화가 아주 많이 있다 해도 출발점에서 도착점, 즉 로비에서 서고가 바로 보인다면 서고는 결코 분리된 느낌을 주는 한적한 공간이 될 수 없다.

도서관의 서고는 로비나 대출대에서 전혀 보이질 않는다. 오직 가본 사람만이 서고가 저기 어디쯤엔가 있을 것이라 추측할 수 있을 뿐이다. 보이지 않는 상태에서 어느 정도 거리가 떨어져 있고 또한 중간 과정에 방향 변화가 많은 까닭에 도서관 서고는 완벽하게 분리된 장소가 될 수 있는 것이다.

도서관 서고가 한적한 공간이 될 수 있게 해주는 요인이 하나 더 있다. 그것은 시간과 관계가 있다. 어느 한 장소에서 다른 장소에 도달할 때까지 걸리는 시간 말이다. 이 시간이 길면 길수록 두 장소는 떨어져 있는 느낌을 가지게 될 것이다. 서울에서 대전은 1시간 반 거리이고 부산까지는 4시간 거리다. 서울 사람이 대전보다 부산에 있을 때 집에서 더 멀리 떨어진 느낌을 받는 것은 당연하다. 우리가 여행을 할 때 흔히 하는 얘기 중 하나는 여행지가 너무 집에서 가까우면 여행하는 맛이 안 난다는 것이다. 여행이 일상을 털어버리고 새로운 느낌을 찾는 것이라 본다면 그것이 기대한 바대로 효과를 얻기 위해선 어느 정도 거리가 필요한 것은 분명하다.

걸리는 시간을 길게 하기 위해선 거리가 필수적이다. 그런데 거리는 얘기했듯이 무한정 늘리긴 어렵다. 대지 조건 때문에도 그렇고 도서관의 본래 기능을 생각해볼 때도 그렇다. 이때 방향 변화가 어느 정도 시간을 늘리는 데 도움을 준다. 같은 거리라도 방향의 변화가 많으면 시간이 더 걸릴 수밖에 없기 때문이다. 시

각도 마찬가지 역할을 한다. 도착점을 보면서 간다면, 즉 가야 할 경로를 정확히 파악하고 움직이면 시간은 단축될 수 있다. 반면 시각을 조절해 중간중간 랜드마크가 될 만한 목적지와 최종 목적지를 슬쩍 감춰놓는다면 이동 시간이 더 걸리게 된다. 이렇듯 거리나 방향 그리고 시각을 통제해 시간을 조절할 수 있는 것이다. 그런데 시간을 조절하는 건축적 방법엔 그보다 훨씬 더 효과적인 방법이 있다. 출발점과 도착점 사이에 중간중간 별개의 영역을 끼워넣으면 된다. 여기서 말하는 영역이란 특정한 행동이 유발되는 공간을 말한다.

간단한 예를 들어 생각해보자. 기숙사 안에 두 개의 방이 있다고 하자. 이 두 방이 복도로 연결되어 있는 경우와 두 방 사이에 휴게실이 있는 경우를 비교해 생각해보자. 한 방에서 다른 방으로 가려 할 때 과연 어느 경우가 이동 시간이 길어질까. 그렇다. 두 방 사이 휴게실이 있는 경우에 훨씬 더 시간이 길어질 여지가 많다. 이는 휴게실이 가능하게 해주는 행동, 즉 휴식을 하면서 시간을 보냄으로써 이동 시간이 길어질 수 있기 때문이다. 가령 한 방에서 다른 방으로 이동하다가 휴게실의 커피 냄새에 이끌리게 되고 결국 그걸 마시면서 시간을 소모하는 식이다.

## 심리적 거리

그런데 이것보다 더 재밌는 건 심리적 시간이 길어지는 것이다. 심리적 시간을 이해하기 위해선 이런 예가 적당할 것 같다. 누군가가 "오늘은 정말 긴 하루였어"라고 말했다 하자. 또 다른 누군가가 "왜?"라고 묻자 그는 이렇게 대답한다. "오늘 너무 많은 일들이 일어났거든."

같은 시간이라도 그 사이에 일어난 사건의 수 그리고 사건이 주는 경험의 강도에 따라 심리적 시간의 길이에 차이가 나게 된다. 출발점과 도착점이라는 두 개의 공간 사이에 다양한 경험을 가능하게 하는 영역들을 끼워넣으면 이 두 개의 지점 간을 여행하기 위한 심리적 시간은 자연스레 길어지게 된다. 이는 도착점과 출발점이 분리되어 있고 멀리 떨어져 있다는 느낌을 주기에 유리하다는 걸 의미한다.

뜰이 있는 성당과 없는 성당을 비교해보자. 성당 문을 열면 바로 성당 내부로 들어갈 수 있는 공간 구조와 뜰을 거친 후 성당 문에 도달하게 되는 공간 구조는 느낌상 큰 차이를 만들어낸다. 외부의 속세와 내부의 성스러운 공간 사이 뜰이라는 다른 영역이 들어가면 심리적 거리를 더 길게 할 수 있다. 이를 통해 성당 내부의 성스러움을 더욱 강조하는 효과를 거둘 수 있는 것이다.

뜰이 없는 성당

뜰이 있는 성당

　도서관 서고 가는 길엔 이런 영역들이 적지 않게 만들어져 있다. 물론 이는 서고가 다른 로비나 대출대로부터 멀리 떨어져 있어서 매우 한적하다는 느낌을 주기 위한 의도로 만들어진 것은 아니다.

당연히 책을 관리하고 사용자들을 적절히 통제하기 위해 고안된 장치일 뿐이다. 하지만 어찌 됐든 여러 개의 영역들은 로비나 대출대로부터 서고에 이르기까지 다양한 경험을 강제함으로써 서고의 분리감을 강조하고 있다.

　도서관 서고 안에서 공간의 주인이 되고 있다는 경험이 가능한 것은 서고라는 전체 공간이 나만을 위해 존재한다는 느낌을 줄 수 있기에 가능하다. 일단 서고엔 이용자가 거의 없다. 기껏해야 서너 사람이 있을 뿐이다. 서고 안에 혼자만 있는 상황이라면 서고 안의 모든 책을 독점하는 공간의 지배자가 되는 것은 당연

도서관 서고 가는 길

**공간,**
마음을 꺼안다

하다. 그런데 서고 안에 몇몇 사람이 함께 있게 되는 경우는 어떨까? 다수의 사용자들이 혹 불편한 관계로 엮어지게 되는 것은 아닐까? 그런 염려는 하지 않아도 된다. 서고의 독특한 공간 구조 때문이다.

우선 서고 면적의 대부분을 차지하고 있는 서가의 기능을 생각해볼 필요가 있다. 서가는 책을 꽂아두는 장비이지만 그것은 타인의 시선으로부터 자신을 은폐할 수 있는 도구가 된다. 서고에는 서가가 있어서 마음만 먹으면 얼마든지 자신을 감추고 또 타인의 존재를 없는 것처럼 할 수 있다.

서고의 캐럴

공간의 주인이 되도록 이끄는 서고의 또 다른 특징은 캐럴의 배치다. 캐럴은 책을 찾는 이용자가 앉아서 책 내용을 살펴볼 수 있도록 마련한 개인 자리다. 그런데 그 자리는 한 곳에 몰려 있지 않다. 서고의 이곳저곳에 띄엄띄엄 배치되어 있다. 타인이 앉아 있는 곳에서 멀리 떨어진 캐럴을 이용하면 얼마든지 타인의 시선을 피할 수 있다.

서고라는 공간이 또 매력적인 것은 거길 찾는 사람에게 공부를 한다는 훌륭한 명분을 준다는 것이다. 자신의 미래를 위해 현재의 청춘을 아낌없이 사용하고 있다는 위안을 자신 또는 다른 가족들에게 주기에 부족함이 전혀 없다. 그리고 말했듯이 서고에선 부담스러운 타인의 시선을 벗을 수 있다. 공간의 주인이 되는 만족감을 충분히 누릴 수 있는 것이다. 서고는 이 시대의 피곤한 젊은이를 위한 몇 안 되는 힐링 공간이다.

# 오후의
# 무 료 함 을   달 래 려 면
# 마트에 가라

## 마트에서의 장보기가 주는 즐거움

요즘 주부들은 장을 보기 위해 흔히 대형할인마트로 향한다. 그곳에 가면 저녁 찬거리를 비롯한 먹거리를 살 수 있다. 물론 식재료만 있는 것은 아니다. 옷가지부터 아이들 학용품이나 장난감, 그리고 레저 용품, 가정용 전기용품 등등 일상생활을 하는 데 필요한 모든 물건을 구할 수 있다.

여기 한 전업주부가 있다. 그녀는 이른 아침 일어나 가족을 위한 아침식사를 준비한다. 그런 뒤 서둘러 아이들을 학교에 보내고 또 남편을 출근시키고 나면 이번엔 청소를 비롯한 집안일들이 기다리고 있다. 그렇게 정신없이 전쟁 아닌 전쟁을 치르고 나면 오후쯤엔 나른함과 함께 무료함이 서서히 몰려든다. 더 나아가 인생에 대한 허무감과 함께……. 그녀는 언제부턴가 스스로를 그저 집에서 밥하고 청소하는 홈머신과 같다고 느낀다.

주부가 슬프거나 때로 화가 날 수밖에 없는 것은 자신이 아무리 열심히 일해도 그 결과가 자신에게 돌아오지 않기 때문이다. 남편이 직장에서의 서러움을 하소연한다면 주부도 마찬가지로 집안일에 대한 하소연이 필요하다. 남편이 그것을 풀기 위해 술을 마시고 동료와 어울리는 시간이 필요하다면 주부도 마찬가지다. 주부도 다른 사람들과 먹고 마시면서 함께 어울릴 수 있는 시간과 공간이 필요하다.

주부는 마트에서 라운징을 한다. 마트에서 주부는 홈머신이 아닌 공간의 주인으로 등극한다. 마트에 있는 모든 물건이 주부를 위해 존재하기 때문이다. 그 공간에선 홈머신으로 무시당할 일이 결코 없다. 공간 안에 있는 물건들뿐 아니라 모든 종업원이 우러러보는 공간의 주인이 되는 것이다.

마트에서의 장보기가 주는 또 다른 즐거움은 자신이 다른 모습으로 바뀌어질 수 있는 기회를 얻는 데서 온다. 마트에서 여러 물건을 구경하면서 그리고 물건 파는 종업원을 마주하면서 주부

는 '다른 나'가 되어보는 신선한 경험을 하게 된다. 옷가게 앞에서 원피스를 대보며 거울을 보거나 액세서리 가게에 진열된 액세서리들을 구경하면서 새롭게 변신하는 삶을 행복하게 꿈꾸기도 한다.

마트에서의 이런 휴식이 주부에게 즐거운 것이긴 하지만 이리저리 돌아다니다 보면 피로가 몰려오기 마련이다. 마트는 생동감이 넘치는 곳이지만 쉽사리 피곤해지기도 하는 공간이란 것을 부인할 수 없다. 마트에서 공간의 주인이 되는 것도, 변신하는 삶을 꿈꿔보는 것도, 또 많은 사람과 함께 어울린다는 느낌도 다 좋긴 하다. 하지만 시간이 흐르면 너무 많은 사람과 부대끼는 게 힘이 든다는 걸 체감하게 되는 것이다. 그러다 보면 많은 사람으로 북적이는 공간이긴 하지만 그 안에서 조금이나마 프라이버시를 찾으면서 쉴 수 있는 곳이 있었으면 하고 바라게 되는 것도 당연하다.


## 마트의 공간 구조

대부분의 마트 이용자가 너무나 많은 사람들로 인해 피곤함을 느끼면서 또 그걸 쉬이 피해갈 수 없는 것은 마트라는 공간의 구조적 특징 때문이다. 마트엔 주출입구가 하나 있고 필요한 물건을 사기 위한 장소에 도달하기 위해선 원치 않는 중간 영역들을 거쳐가야만 한다. 만약 별도의 출입구를 통해 필요한 영역에 바로 다가갈 수만 있다면 많은 사람들과의 불필요한 부딪힘으로 생기는 피로를 피해갈 수 있을 것이다.

그런데 마트는 왜 굳이 출입구를 하나만 두는 걸까. 그것은 순전히 통제의 편리성 때문이다. 들어오고 나가는 사람을 적은 인원으로 감시할 수 있도록 하기 위함인 것이다. 그리고 사람을 피곤하게 만드는 두 번째 문제점, 즉 꼭 들르지 않아도 좋은 영역들을 지나야만 하는 문제의 경우는 마케팅 전략에서 비롯된 것이다. 다시 말해 꼭 필요한 물건을 사기 위한 이동 경로에 관련 물건들을 쌓아놓고 충동구매를 유도하는 전략이라는 것.

하지만 그런 전략의 유효성이 조금 의심스러운 게 사실이다. 사람들은 마트나 백화점에 꼭 물건 사러만 가는 것은 아니기 때문이다. 실제 마트나 백화점은 주부 같은 이들의 라운징 공간이다. 쓸데없이 동선을 길게 유도해 이용객들을 피곤하게 만드는 것은 일회 구매량을 늘리는 데는 효과적일지 몰라도 반복적인 방문을 방해하는 요소가 될 수 있다. 필요한 공간 그리고 즐기고 싶은 공간만을 선택적으로 방문할 수 있도록 공간 구조를 바꾸는 것이 장기적으론 더 잦은 방문을 이끌어낼 수 있다는 얘기다. 그러면 결국 매출 증대에도 효과적일 것이다.

**공간,**
**마음을 껴안다**

하지만 여전히 대부분의 마트들은 전통적인 공간 배치만을 고집하고 있다. 그러다 보니 라운징의 묘미가 반감되기 십상이다. 라운징의 묘미를 살리려면 다양한 접근로를 확보하면서 다른 영역을 통과하지 않고 필요한 장소에 도달할 수 있도록 해야 한다. 사실 마트에선 이것이 어렵다. 이런 곳을 원한다면 재래시장을 찾아가는 편이 낫다.

골목들을 연결해 형성되는 재래시장은 골목이 여러 곳으로 갈라져 있는 만큼 출입구 수도 많다. 어느 골목을 따라 들어가느냐에 따라 출입구가 달라지는 셈이다. 골목별로 파는 물건이 다른 경우가 대부분이라 사고자 하는 물건이 있는 골목을 처음부터 출입구로 선택할 수도 있다. 이런 식으로 재래시장은 들어가는 골목을 적절히 선택하면 필요한 물건만 사고 바로 나올 수 있는 구조다. 그리고 원하는 영역을 두루 다니면서 사람 구경을 할 수 있는 구조이기도 하다. 이렇게 놓고 보면 라운징의 묘미를 즐길 수 있다는 측면에서 재래시장이 마트보다 훨씬 낫다고 할 수 있다. 다만 재래시장은 천장이 없는 외부 공간이다 보니 아무래도 여름엔 덥고 겨울엔 춥다는 불편함이 있다. 그렇다면 재래시장과 같은 구조를 가진 마트가 있다면 좋지 않을까?

우리나라에선 그런 공간 구조, 즉 재래시장과 유사한 공간 구조를 가진 마트를 찾아볼 수 없다. 그런데 일본엔 있다. 일본 고베의 모자이크라는 대형몰이다. 그곳에 가면 재래시장 같은 공간 구조를 볼 수 있다. 마주치는 사람의 많고 적음을 어느 정도는 통제하면서 라운징의 묘미를 극대화할 수 있다. 지금부터 모자이크로 들어가보자.

### 라운징의 묘미를 더하려면?

모자이크는 고베 해안가에 위치하고 있는 대형 복합쇼핑몰이다. 그곳의 기능 구성 자체는 우리나라의 마트와 큰 차이가 없다. 거대한 플랫폼 위에 쇼핑몰이 있는 구조인데 플랫폼에 들어가는 출입구가 여러 개다. 그곳을 통해 플랫폼 내부로 들어간 뒤 엘리베이터나 에스컬레이터를 이용해 상부에 있는 쇼핑몰로 접근할 수 있다. 아니면 외부에서 바로 플랫폼 상부로 올라갈 수도 있다. 우리 재래시장이 골목골목을 별개의 출입구로 사용할 수 있는 것과 마찬가지다.

플랫폼 상부에 올라가면 여러 개의 통로가 나온다. 대부분의 대형 복합쇼핑몰인 경우 중앙에 메인 통로를 배치하거나, 아니면 중앙에 메인 광장을 설치해놓고 거길 통해 개별 상점으로 접근하도록 만드는 게 일반적이다. 그런데 모자이크는 그렇지 않

모자이크 전경

다. 여러 개의 통로가 종횡으로 설치되어 있으며 그렇게 해서 만들어지는 격자 모양의 셀 위치에 상점들이 자리를 잡는다. 같은 출입구를 통해 같은 상점으로 간다 해도 항상 같은 경로를 선택하지는 않게 되어 있다. 어떤 물건을 살 것인지, 즉 필요에 따라 또는 그때그때 기분에 따라 다른 길을 선택할 수 있도록 되어 있다. 그렇게 다양하게 경로를 선택할 수 있도록 함으로써 경험하는 북적거림의 정도를 이용자 스스로 조절할 수 있는 것이다.

모자이크의 특징은 하나 더 있다. 그것은 우리나라 마트에도 없고 재래시장에도 없다. 오직 전통적인 5일장에나 가야 맛볼 수 있는 라운징의 묘미다. 우리나라 5일장이라 해도 다 그런 것은

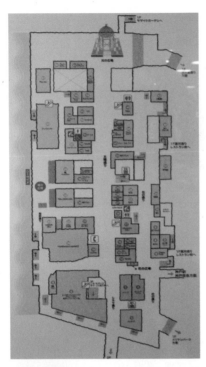

◀ 모자이크 배치도

▼ 전통적인 5일장의 공간 구조

공간,
마음을 껴안다

아니다. 정말로 전통적인 5일장에 가야만 찾을 수 있는 묘미다.

우리가 일상적으로 경험하는 대부분의 상점은 길이라는 2차원 형식의 통로에 점의 형태로 개별 상점들이 매달려 있는 구조다. 이에 반해 우리나라 전통적인 5일장의 공간 구조 특징은 평면에 점의 형식으로 개별 상점들이 배치된다는 것이다. 이런 공간 구조 특징은 바로 개별 상점마다 앞뒤가 생긴다는 점이다. 거리의 상점들이나 쇼핑몰의 상점을 떠올려보자. 거기엔 보통 뒤라는 개념이 없으며 당연히 뒷문도 없다. 사람들은 길에서 상점의 한쪽 면만을 볼 수 있고 오직 그리로만 들어갈 수 있는 것이다.

앞뒤로 상점을 드나들 수 있다는 것은 사람들이 서로 마주칠 수 있는 기회를 반으로 줄일 수 있다는 것이다. 앞문과 뒷문이 함께 있는 공간에선 다른 사람들과 마주치는 양을 조절할 수 있는 기회가 많아진다. 많은 사람들이 북적이는 공간이 좋다면 앞쪽 문을, 반대로 좀 더 한적한 느낌으로 쇼핑을 즐기고 싶다면 뒤쪽의 문을 택하면 되는 것이다. 이런 식으로 전통적인 5일장의 공간 구조는 라운징의 묘미를 더할 수 있게 해준다.

오후의 무료함과 나른함을 달래기 위해 주부들은 집을 나선다. 꼭 마트가 아니어도 무료함을 달랠 장소들이 더 있긴 하다. 그러나 마트라면 무료함을 쉽게 달래준다는 것뿐 아니라 아이들과 남편을 위한 저녁거리를 장만할 수 있다는 장점을 지니고 있다. 필요한 일을 하면서도 무료함을 달랠 수 있는 곳이 바로 마트다. 또한 마트에선 라운징이 가능하다. 라운징이 공간의 주인이 되어보거나, '다른 나'가 되어보거나, 또 다른 사람들과의 교류의 양을 적절히 조절하는 행위라 본다면 더욱 그렇다.

마트가 좋은 라운징의 장소가 되는 것은 분명하다. 그러나 여전히 아쉬움도 남는다. 우리나라 마트의 경우 지나치게 많은 사람들과의 부대낌을 피해갈 방도가 마땅치 않아서 얼마 못 가 피로를 느끼기 쉽다는 것이다. 이 문제가 해결된다면 마트는 좀 더 훌륭한 라운징의 공간이 될 수 있을 것이다. 고베의 모자이크처럼. 그리고 우리나라의 전통 5일장처럼. 머지않아 우리나라에도 그런 쇼핑몰이 등장하길 기대한다.

**공간,**
마음을 껴안다

# 도심 속
# 호젓한 공간으로의
# 산책

## 도심 속의 쉼터

한적한 분위기를 바라는 도시인들이 많다. 주말이면 도시의 소음과 인파를 뒤로하고 호젓함을 만끽할 수 있는 장소로 멀리 여행을 떠나기도 한다. 그런 장소를 찾아가려면 시간과 노력이 많이 든다. 그런데 서울 같은 대도시에서도 의외로 그런 호젓한 장소들이 발견된다. 대형 건물 사이에 있는 작은 공원이 그런 대표적인 장소다. 그곳 역시 점심시간엔 무척이나 붐비지만 그 시간만 피한다면 어느 정도 호젓함을 누리는 데 부족함이 없다.

도심에서 호젓한 장소는 도시 블록의 안쪽에서 더 쉽게 찾을 수 있다. 도심의 주요 도로변엔 대체로 큰 건물들이 서 있기 마련이다. 그런 큰 길에서 도시 블록 내부로 연결되는 작은 길을 따라 안쪽으로 들어가다 보면 길과 길이 갈라지는 장소에 조그만 공터가 나타난다. 무슨 특별한 기능을 할 수 없을 정도로 작긴 하지만 여하튼 작은 뜰 같은 공간들이 나타난다. 그런 곳엔 으레 오래된 나무 한 그루가 서 있고 그 밑엔 잠시 사람이 앉아 쉴 수 있는 평상이나 나무 의자가 놓여 있다.

그곳에서 조금만 더 밖으로 나가면 대형 건물들이 즐비하게 서 있고 도로 위로 수많은 차량이 엄청난 소음을 일으키며 질주하는 모습을 볼 수 있다. 서울 도심에서도 그렇게 한적한 공간이 존재할 수 있는 것은 서울 구도심이 격자형으로 개발된 계획지가 아니고 자연 발생적으로 형성된 곳이기 때문이다. 서울 구도심엔 나지막한 구릉이 이곳저곳에 분포해 있으며 주도로는 그 구릉의 저지대를 관통하면서 형성됐다. 주도로로부터 갈라져나온 작은 도로들은 구릉을 향해 뻗어나가기 마련인데 그 길들은 결국 구릉 정상 부근에 이르러서야 끝이 난다. 다시 말해 막다른 도로가 되면서 끝이 난다는 얘기다.

도로가 이렇게 큰 도로에서 중간 크기의 도로로, 이어 작은 도로로, 그리고 결국엔 막다른 도로로 끝이 나는 경우 안으로 들어

도심 속의 쉼터

갈수록 사람들의 왕래가 적어지는 것은 당연하다. 그리고 나뭇
가지가 위로 올라가면서 가지를 치는 것처럼 작은 도로가 여러
갈래를 치게 되는데 이 과정에서 길과 길이 만나는 교차점에 조
금 널찍한 뜰 같은 공간이 자연스레 생기기 마련이다. 그런 곳엔
정겨운 구멍가게가 있고 그 앞엔 작은 평상과 어디서 가져왔는지

모를 다양한 의자가 놓여 있기도 한다. 그곳이 바로 도심 안에서 찾을 수 있는 한적한 쉼터다.

서울 구도심에선 그 번잡함 속에서도 의외로 한적한 곳을 종종 발견할 수 있는 반면 신도심이라 할 강남에선 그런 곳을 쉬이 찾아보기 힘들다. 강남은 대부분이 계획지이다 보니 도로망이 거의 격자형으로 되어 있다. 격자형 도로망의 특징은 막다른 도로가 없다는 점이다. 막다른 도로가 없다는 것은 도로망 전체로 사람과 차의 움직임이 골고루 퍼진다는 걸 의미한다. 그러다 보니 큰 길에서 안쪽으로 들어간다 해도 사람의 왕래가 크게 줄어들 일도 없다. 호젓한 느낌을 줄 수 있는 공간이 탄생할 여지가 없어지는 셈이다.

한 가지 더 중요한 사실은 격자형 도로망의 교차점엔 뜰과 같은 공간이 형성될 수 없다는 점이다. 교차점은 그저 도로가 만나는 곳이고 도로를 따라 흘러가는 차량과 사람이 그저 방향을 바꾸는 곳일 뿐이다. 구도심의 나뭇가지형 도로 교차점에서 볼 수 있는 뜰과 같은 공간이 만들어지지 않는다는 것. 서울 신도심에선 도시 블록 안으로 아무리 들어가봐도 한적한 장소를 찾을 수 없다. 그것은 신도심 공간이 지닌 구조적 특징 때문이다.

## 성당 가는 길

서울 구도심에서 호젓한 장소를 찾고자 하면 도시 블록 안으로 무작정 들어가면 된다. 그러면 보통 얼마 안 가서 호젓한 장소를 만날 수 있다. 이렇게 발견할 수 있는 장소들 중에 가장 값진 선물은 아마 성당이 아닐까 싶다. 서울 구도심뿐 아니라 거의 모든 중대형 도시 블록 안쪽으로 경사진 언덕길을 따라 올라가다 보면 심심찮게 성당을 만나게 된다.

우리나라에 처음 건립되기 시작할 때부터 성당은 대부분 도시에서 쉽게 눈에 띄는 언덕 꼭대기쯤에 자리를 잡았다. 이렇게 지

성당 올라가는 길

대가 높은 자리는 종교적이고 신성한 장소인 성당이 위치하기에 적합한 공간이다. 다른 한편으로 생각해보자면 성당이 막 건립되기 시작할 무렵만 해도 도시에서 접근성이 좋은 웬만한 땅은 이미 전부 다른 건물들이 차지하고 있었으니 언덕배기로 성당이 올라가게 된 것은 자연스러운 일이기도 하다.

성당의 경우 대체로 성당 건물이 먼저 지어지고 그것에 다다를 수 있는 도로가 나중에 개설된 경우가 많다. 당연한 말처럼 들릴지 모르겠으나 여기엔 매우 의미심장한 도시 설계 차원의 의미가 숨겨져 있다. 우리가 보는 대부분의 도시 내 건물들은 도로망이 정비된 후 건축되는 게 일반적이다. 그런데 성당의 경우는 길도 없는 언덕배기 한가운데에 먼저 건물을 세우고 성당으로 향하는 길을 정비하는 방식을 취했다. 그런 과정을 거쳤기 때문에 성당은 건물 주변으로 외부 공간을 확보하기가 쉬웠다. 그러다 보니 우리 주변에 보이는 대부분의 성당은 별도의 길을 지니고 있다. 다시 말해 오로지 성당으로만 가는 길이 따로 있다는 얘기다. 이런 길이 있기에 성당으로 가는 길은 호젓함을 더해주는 것이다. 그 길에 작은 숲이라도 마련되어 있다면 산책 분위기를 조성해 더욱 좋을 것이다.

성당은 언제나 열려 있다. 꼭 미사 시간에만 들어갈 수 있는 것이 아니다. 성당 내부는 낮이든 밤이든 거의 비슷한 조도를 유

성당 내부

지한다. 조금은 어둑하게 느껴지는 실내는 사람의 마음을 차분
하게 만든다. 정문으로 들어서자마자 정면에 보이는 제단 위쪽
창문을 통해 쏟아져들어오는 빛의 줄기들이 자연스레 이 공간의
주인이 누구인가를 알려준다. 그리고 여기서 무엇을 해야 하는
지도 말해준다.

도심으로부터 떨어져 한적한 곳으로 들어가는 느낌을 주는
성당 가는 길 그리고 마음을 차분하게 가라앉혀주는 성당 내부

성당의 공간 구조

공간은 도심 속 라운징 공간이다. 성당은 도심 속 인파와 소음에
시달린 사람들에게 고요와 함께 프라이버시를 제공한다. 성당
안에 혹 자신을 제외하고 몇몇의 사람이 있다 해도 프라이버시
가 손상되진 않는다. 공간을 확장하는 천장의 높이가 몇몇 타인
과 함께하더라도 충분한 프라이버시를 확보하도록 해주기 때문
이다. 함께 있는 사람들의 존재감을 희석해주는 성당의 어둑한
조도 역시 같은 역할을 한다.

　성당이 좀 더 프라이버시를 존중하는 공간으로 느껴지게 되는
것은 좌우에 통행을 위한 측랑側廊에 설치되는 작은 제단들 때문

**공간,**
마음을 껴안다

이다. 성당의 정문으로 들어서면 중앙에 신자들이 착석하기 위한 의자가 놓여지는 신랑身廊과 측랑으로 구성되는 회중석會衆席이 있고, 이 회중석의 앞쪽 끝에 중앙 제단이 설치된다. 이것이 바로 성당의 기본 구조다. 그리고 측랑 한편에 중앙 제단보다 크기가 작은 제단이 설치되는 경우도 많다. 중앙 제단이 하나님을 위한 제단이라면 측랑에 설치되는 작은 제단은 성인을 위한 제단이다. 이런 작은 제단은 성당의 규모와 필요에 따라 하나 또는 그 이상도 설치될 수 있다. 성당 내부에 이런 작은 제단이 설치되면 각각의 제단을 중심으로 별개로 인식되는 영역이 형성된다. 이들 제단을 중심으로 형성되는 각각의 영역 또한 개인에게 프라이버시를 높일 수 있는 기회를 주는 것이다.

도심의 너무 많은 인파와 감시의 눈길을 피해 자신만의 공간과 프라이버시가 필요하다는 생각이 든다면 성당을 한번 찾아보자. 성당으로 가는 길에선 산책하는 기분과 한적함을 만끽할 수 있으며 그 내부에선 특유의 공간이 선사하는 편안함을 얻을 수 있을 것이다. 이러한 라운징은 우리가 정신적 피로로부터 회복하는 데 도움을 주는 동시에 다시 도심의 일상으로 돌아갈 수 있는 기운을 차리게 해줄 것이다.

# 똑똑한 기업의
# 오 피 스 는
# 다르다

## 권위로부터의 탈피

얼마 전 구글 본사가 한 티브이 프로그램에 소개된 적이 있다. 구글 본사 건물이 보통의 다른 기업 건물과 사뭇 다르다는 이유 때문이었다. 우선 구글 본사 건물은 높지도 크지도 않다. 그러니 당연히 웅장한 느낌을 주지 않는다. 일반적인 대기업 본사 건물은 대개 유별난 높이를 자랑한다. 그런 높이는 웅장함과 함께 위압감을 만들어낸다. 대기업으로서의 권위를 드러내는 듯하다.

한편 미국 국방성 건물은 높이가 아닌 부피로 웅장함을 뽐내는 건물의 표본이다. 국방성이라는 기관은 그 특성상 외부 공격에 취약하게 노출될 수 있다. 그래서 미국 국방성은 대략 5층 정도의 낮은 건물을 사용한다. 대신 무지하게 넓은 면적으로 퍼져 있다. 그러다 보니 미국 국방성을 소개하는 티브이 카메라는 항상 하늘에서 잡은 장면을 보여준다.

구글 본사는 이들 건물과는 외관이 사뭇 다르다. 웅장한 규모로 뭔가 이미지를 구축하겠다는 생각은 전혀 없는 듯하다. 구글 본사 건물은 규모가 작은 건물이 자연스러운 지형에 옹기종기 모여 있는 형태다. 그래서 대단히 친근한 느낌을 주며 대기업이라 뽐내는 기색은 찾아보기 힘들다.

구글 본사

미국 통신회사 AT&T는 고층 건물이면서도 상부에 삼각형 모양의 장식물인 페디먼트를 달고 있다. 유럽의 고전주의 건물을 연상시키는 형태인 것이다. 고전건축으로 지어진 건물이 가지는 권위를 슬그머니 가져올 목적이 담긴 것이다. 고전주의 건물 흉내는 상부 페디먼트에만 있는 게 아니다. 입면 구성에서도 마찬가지로 같은 의도가 드러난다. 이탈리아 르네상스 시기 군주의 왕궁 건물 입면을 연상시키는 창문 디자인이 사용되고 있는 것이다. 이런 흉내에는 포스트모더니즘이라는 당시 유행하던 영향력 있는 건축 사조가 반영되어 있기도 하다.

AT&T 사옥

**공간,**
**마음을 껴안다**

반면 구글 본사 건물은 권위를 드러내기 위해 어떤 사조를 반영하는 등의 시도를 하지 않았다. 건물 형태가 추구하는 것은 그저 주변 환경과의 조화이며 건물 사용자들의 신경을 거스르지 않으려는 조심성이다.

티브이에 소개된 구글 본사가 시청자들을 가장 감동시킨 부분은 아마도 실내 공간이었을 것이다. 구글 본사 실내는 분명 그 기능은 오피스인데 전혀 오피스 같지 않은 분위기를 연출하고 있다. 혹 구글 사무실을 본 사람이라면 구글 사무실이 일반적인 사무실과는 매우 다르다는 데 공감할 것이다. 왜 다른 느낌을 받게 될까?

## 똑똑한 기업, 구글

기존의 기업 사무실과 달리 구글의 사무실엔 분업화된 작업 단위를 아우르는 영역도, 작업 단위 간의 원활한 의사소통을 위한 질서 정연한 통로도 없다. 가장 눈에 띄는 것은 감시가 없다는 것이다. 한두 명 또는 두세 명이 작업 그룹을 형성하고 있는 것처럼 보이는데 이들 간에 규칙적이고 체계적인 의사소통을 위한 배치를 구태여 강요하진 않는다. 다시 말해 각 작업 단위 그룹을 양

옆이나 앞뒤로 붙여놓지 않는다는 것. 심지어는 가구를 쉽게 옮길 수 있도록 제작해 이리저리 가구 배치를 바꿀 수 있도록 해놓고 있다.

특히 의미 있는 것은 상급자와 하급자라는 개념 자체가 사라진 공간 구조라는 것. 개별적인 작업 단위가 있다 하더라도 그들 간의 관계는 결코 수직적이지 않다. 때론 업무상 전혀 관계없어 보이는 작업 단위끼리 붙여놓기도 한다. 그러다 보니 자연스레 하급자에 대한 상급자의 감시가 불가능한 구조가 된다.

구글 본사 내부

**공간,**
마음을 껴안다

구글 사무실의 특징을 건축계획적인 측면에서 살펴보자. 우선 구획이 별로 없는 대형 실내 공간을 사용하는 것은 기존의 사무실이나 구글 사무실이나 동일하다. 그러나 공통점은 이것이 전부다. 그 외에는 모든 점이 다르다.

첫째, 구글 사무실의 작업 단위를 수용하는 그룹 구성엔 일정한 형식이 없다. 한 사람의 자리가 뚝 떨어져 있기도 하고, 두세 명 또는 서너 명이 모여 있는 그룹을 만들기도 한다. 여기서 눈여겨봐야만 하는 것은 그런 그룹 간의 경계가 명확하지 않다는 점이다. 또한 그룹 내부에서의 개별 좌석 배치 또한 고정적이지 않다. 그룹 내부에서 개인은 다른 사람과의 합의 없이도 얼마든지 자신의 자리 배치를 바꿀 수 있다. 그룹 차원에서도 마찬가지다. 개별 그룹은 다른 그룹과의 합의 없이 그룹의 배치를 어느 정도 바꿀 수가 있도록 되어 있다. 자리가 고정적인 기존 사무실과 확연히 다른 이런 사무실 환경이 각 개인에게 주는 것은 바로 공간의 지배자가 된 듯한 기분이다.

둘째, 구글 사무실은 통로가 모호하다. 기존의 사무실 공간 구성에선 통로가 명확하게 드러난다. 통로는 언제나 격자 형식이다. 이러한 형식에서 개인은 좌표축의 점으로 표시될 수 있다. 이를테면 A의 자리는 최상위 감시자의 자리를 중심으로 좌로 3, 우로 9라고 얘기할 수 있다. 이런 형식에선 상급자는 필요하다면 언제든지 하급자의 자리를 습격할 수가 있다. 하급자는 상급자가 언제 들이닥칠지 모르는 상황에서 항상 긴장하며 업무를 봐야 한다.

셋째, 구글 사무실에선 각 개인 및 그룹의 자리가 무질서하게 배치되어 있다. 기존의 사무실 구성에선 상급자에서 하급자 순으로 자리가 배치되는 경우가 대부분이다. 이런 배치가 분업화된 업무의 전달에 유리하고 또한 감시가 용이하기 때문이다. 구글 사무실은 직위에 따라 자리가 정돈되어 있지 않다. 따라서 업무 전달에 불리함이 있는 게 사실이다. 그러나 바로 여기에 구글의 장점이 숨어 있다. 즉 하급자에 대한 상급자의 감시를 용인하지 않는다는 것이다. 이는 모호한 통로를 이용한 접근성 하락과 맞물려 각 개인이 타인 또는 상급자의 불필요한 개입이나 감시로부터 자유로워질 수 있는 조건을 만들어낸다.

이렇게 구글 오피스는 개인이 필요로 하는 프라이버시를 기대하는 만큼 제공한다. 이런 측면에서 보면 확실히 착한 업무 환경이라 할 만하다. 하지만 이 또한 업무의 효율을 위한 것이다. 구글에서 하는 일이 무엇인가를 생각해보자. 구글에서 각 개인이 맡는 업무는 뭔가 새로운 것을 생각해내야 하는, 즉 창의성을 발휘해야 하는 업무다. 그들이 생각의 주체가 되도록 이끌기 위해선 프라이버시를 가능한 한 확보해주는 것이 필요하다. 한 걸음 더 나아간다면 그들의 독창적인 사고에 도움을 줄 수 있는 공간

구조를 만들어주는 것이 중요하다.

이를 위해 앞서 살펴봤듯이 구글 오피스는 두 가지를 마련해놓았다. 하나는 서로 관련이 없어 보이는 개인 또는 작업 그룹을 섞어놓은 것이다. 그리고 다른 하나는 모호한 통로다. 전자는 각 개인이 전혀 생각해본 적도 없고 눈으로 본 적도 없는 지식에 우연히 접근할 수 있는 기회를 제공한다. 간단히 말하자면 옆 자리에 있는 사람이 하는 일에서 자신의 일을 위한 아이디어를 찾을 수 있는 기회를 만들어준다는 것이다. 후자는 이 전자의 기능을 강화하는 역할을 한다. 모호한 통로는 매번 다른 접근을 가능하게 만든다. 같은 곳을 가더라도 한 번은 이쪽으로, 또 한 번은 저쪽으로 이동하면서 자신이 전혀 예상하지 못했던 지식을 접해보는 기회를 얻게 되는 것이다.

이런 환경을 만든 목적이 결국 직원들의 업무 효율성을 높이기 위한 것임을 간파한다면 구글을 마냥 착한 기업이라 칭찬할 수만은 없을 것이다. 하지만 직원들에게 충분한 투자를 하고 공간 구조를 혁신적으로 바꿔놓은 구글을 '똑똑한' 기업이라 부르는 데는 이견이 없을 것이다.

# 독 신 자 를
# 위한
# 공간

## 소립자가족 시대의 도래

집이란 것은 대개 대문이 있고, 작든 크든 마당이 있고 이어 현관을 들어서면 거실이 보이기 마련이다. 거실에선 식당이 가장 가깝고 부엌이 그다음으로 가까이 있다. 물론 부엌은 거리상 가깝긴 하지만 거실에서 직접 들여다보이는 것은 피하는 게 일반적이다.

거실에서 바라볼 때 상대적으로 후미진 곳에 개인 방들이 자리를 잡는다. 이게 일반적이다. 대문은 개인 공간과 공공의 공간

**공간,**
마음을 껴안다

을 연결하는 장치다. 대문을 통해 개인 공간에 들어서면 개인 공간 안에서도 서로 다른 성질의 공간들이 함께 어울려 있음을 알게 된다. 현관이나 거실은 개인실에 비해 조금 더 공적인 공간이다. 식당이나 부엌은 공적 공간이기도 하고 사적 공간이기도 하다. 그래서 반사적 또는 반공적 공간이라 부르기도 한다. 개인실은 당연히 최고로 사적인 공간이다.

그런데 이런 일반적인 구조를 품지 않은 독특한 집들도 있다. 어떤 집은 대문이 있고 마당이 있긴 마찬가지인데 마당에서 개인실로 불쑥 들어갈 수 있는 구조를 취하고 있다. 각 개인실에서 한 단계 더 깊이 들어가야 거실과 같은 공적 공간이 나타난다. 일본 건축가 야마모토 리켄의 호타쿠보 하우징이 그렇다. 그런 집에선 마음만 먹으면 다른 식구와 얼굴을 마주치지 않아도 된다. 다른 식구들과의 조우는 선택적일 뿐이다. 개인의 프라이버시가 극도로 보호되는 상황인 셈이다. 도대체 왜 그렇게 지었을까.

이와 관련한 어떤 연구 결과를 빌리자면 도시를 사는 우리에게 이미 익숙해진 '핵가족'이라는 가족제도에 변화가 생겼기 때문이란다. 일본은 핵가족마저 해체되어가고 이제 '소립자가족'의 시대를 살고 있다. 호타쿠보 하우징은 원자핵보다도 잘게 쪼개진 소립자로서의 '개인'을 수용하는 공간이라 보면 된다.

이렇게 가족제도나 생활양식의 변화가 주거 건축설계에 반영되는 것은 필연적이다. 우리나라도 마찬가지다. 이런 가족제도와 생활양식의 변화가 반영되어 최근까지도 그 열기가 식지 않은 새로운 주거 유형은 바로 원룸이다. 알다시피 원룸은 1인 가구를 위한 주거 형태다. 우리나라도 점점 1인 가구가 늘어나는 추세이고 원룸은 그들을 수용하기 위해 나타난 건물 양식이다. 원래 원룸은 대학생들이나, 직장 때문에 가족과 따로 떨어져 사는 사람들의 임시적인 거주를 위한 주거 양식이었다. 그러니까 원룸에 사는 사람들은 한시적으로 거주하다 언젠가는 가족들에게 돌아간다는 마음을 품고 있었다. 원룸의 공간 구성 역시 이런 원룸의 기능에 맞게 설계될 수밖에 없었다.

초기 원룸에서 중요한 것은 한시적인 거주생활을 일정 기간 견딜 수 있도록 설계하는 것이었다. 그래서 작은 공간에 일반적인 주거가 수행하는 기능을 모두 구겨넣었다. 원룸은 그 작은 면적에도 불구하고 일반적인 주택이 가지는 모든 기능을 포함할 수 있도록 되어 있다. 개인방, 화장실, 부엌과 식당, 심지어 작긴 하지만 거실도 포함한다. 물론 지금도 그런 경향이 대체로 유지되고 있긴 하지만 특히 초기 원룸은 일반 주택의 축소판이었다.

원룸 건물은 보통 4층이나 5층이다. 법규가 그리 유도했기 때문이다. 원룸은 2종 주거지역에 설치 가능한 건물이라고 법으로 정해졌는데 그 지역에 적용되는 용적률과 높이 제한으로 대략 4

층이 될 수밖에 없는 것이다. 5층이 되는 경우는 1층을 외부 공간으로 사용하는 경우에 주어지는 인센티브의 결과다. 원룸 건물 주변의 거주 환경을 제고하기 위해 1층을 기둥만 서는 공간, 즉 필로티 형식으로 개방하도록 유도한 것이다.

원룸의 공간 구조는 간단하다. 모든 층을 관통하는 계단실을 설치하고 각 층 계단실에서 복도를 연결해 개별 원룸을 달아놓았다고 보면 틀림이 없다. 대지의 형상에 따라 편복도 식이 될 수도 있고 중복도 식이 될 수도 있고 또 홀 형식이 될 수도 있다.

원룸 내부엔 일반적인 주택이 가지는 모든 기능을 포함하고 있지만 개별 원룸 외부에서 공용으로 사용될 수 있는 공간은 전무하다. 같은 원룸 건물에 사는 사람끼리 별로 마주칠 일도 없고 설령 마주치게 되더라도 같이 대화를 나눌 공간이 없다. 타인을 자신의 원룸으로 초대해 대화를 나눌 법도 한데 원룸은 어찌 보면 일반 주택의 안방과도 같지 않은가. 원룸은 내부에 일반 주택이 가지는 거의 모든 실을 구비한 대신 그것들이 그대로 노출되는 구조다. 그러므로 원룸에 타인을 들인다는 것은 가장 사적인 공간인 안방까지도 개방해야 된다는 걸 의미한다. 타인을 들이기엔 너무나 부적합한 공간인 것이다. 또한 원룸은 철새처럼 얼마 후면 떠날, 그래서 애초부터 이웃과의 깊은 교제를 나누기 어려운 사람들이 살아가는 공간이기도 하다.

오직 한 사람만을 위한 원룸 건물엔 프라이버시가 넘쳐난다. 프라이버시가 넘쳐난다는 것은 다른 시각에서 보면 무척 외로울 수도 있다는 말이다. 사람이 잠시 머물다 떠날 곳이라지만 때로 사람 냄새가 그리울 때가 있을 것이다. 그러나 원룸엔 타인을 허용할 만한 공간이 없고 원룸 건물에도 역시 타인과 함께할 만한 공간이 없다.

이렇게 초기 원룸은 가족을 떠나온 이들을 위한 임시 거주 공간이었지만 점점 그런 개념에 변화가 일고 있다. 일본에서 개인 거주자들의 비율이 늘어나면서 야마모토 리겐 같은 건축가들을 흥미로운 고민에 빠뜨리고 있는 것처럼 우리나라에서도 이제는 1인 가구가 무시 못할 비율로 늘어나고 있는 것이다. 장성한 자녀들이 결혼 전 독립한 경우에 1인 가구가 생기기도 하고 또 이혼이나 다른 여러 가지 사유로 혼자 사는 가구가 점점 늘어나는 추세임은 분명하다. 그러므로 원룸이 임시적인 거주 공간이라는 개념은 이제 바뀔 수밖에 없다. 원룸은 임시적인 거주 공간이면서 오래도록 1인 가구로 삶을 영위할 사람들을 위한 장기적인 거주 공간이 되어간다.

장기거주 목적의 1인 가구들에게 프라이버시가 과잉으로 제공되는 기존 원룸의 공간 구조는 외로움을 부르지 않을 수 없다. 그것은 단순히 외로움을 더 느끼는 것으로 끝나지 않는다. 수개

월 운행하지 않고 세워둔 자동차 바퀴가 찌그러지는 것처럼 원룸에 사는 개인은 타인과의 교류가 없는 상태가 지속되면서 정신적으로 위축될 수가 있다. 이를 막기 위한 방법은 한 가지다. 다른 이들과의 사회적 교류에 대한 질적 변화를 가져와야 한다.

장기거주를 위한 원룸 생활자들은 다른 모습과 강도로 사회적 교류의 질과 양을 조절할 필요가 있다. 원룸 건물 내에서의 교류가 필요한 것이다. 타인과의 접촉을 통해 '다른 나'로의 변신과 프라이버시 과잉으로 인한 외로움으로부터 벗어나 공동체 의식을 공유할 수 있어야 한다. 이런 필요에 따라 나타나는 원룸은 기존의 원룸과는 사뭇 다른 공간 구성을 보여준다.

## 힐링 공간의 가능성, 코하우징

기존 원룸은 주출입구에서 계단실로, 이어 다시 복도로 그리고 개별 원룸으로 이어져 있는 구조다. 이와 달리 최근의 원룸 중엔 주출입구에서 계단실로, 이어 작은 홀을 통해 공용 공간으로 그리고 각자의 개별 원룸으로 들어갈 수 있는 구조를 가진 경우가 종종 나타난다. 공용 공간은 일반 주택을 기준으로 생각한다면 거실, 부엌, 식당 그리고 다용도실의 기능이 혼재된 것으로 보면 된다. 기존의 원룸 내부에 있던 공간을 원룸 외부의 공용 공간으로 끌어낸 것이라 볼 수 있다. 새롭게 등장한 이런 유의 원룸을 코하우징이라 부르기도 한다.

코하우징 스타일의 원룸 거주자들은 공용 공간에서 함께 티브이를 보기도 하고 함께 밥을 해서 먹기도 한다. 세탁 공간에서 세탁이 끝나길 기다리며 서로 대화를 나누기도 한다. 그 공간에서 이런저런 거주자들과 마주치고 눈인사를 나누고 대화를 나누면서 기분 전환을 할 수 있다. 그러는 중에 자연스레 공동체 의식을 나눌 수 있게 되는 것이다.

그런데 주의해 살펴볼 것이 있다. 그런 공용 공간은 일반 주택의 거실과는 분명 다른 공간이라는 점이다. 일반 주택의 거실이 매우 사적인 공간인데 비해 공용 공간은 사적이면서도 공적인 성격을 지니고 있다. 후자의 공간 성격이 모호해진 것은 바로 거실 기능 외에 부엌, 식당, 세탁실 기능 같은 것들이 복합되어 있다는 점 때문이다. 단지 작은 면적에 다양한 기능을 모아놓으려고 기능을 복합적으로 처리했다고 봐선 이 공간의 진정한 의미를 놓치게 된다.

이런 복합적인 기능을 품고 있는 공간은 사적인 접촉이 싫은 경우 다른 일을 하는 척하면서 사적인 접촉을 피할 수 있는 기회를 줄 수 있다. 예를 들어 자신이 거실에서 독서를 하고 있는데

별로 내키지 않는 사람이 거실로 와 원치 않는 대화를 나눌 수도 있는 상황이 생겼다 하자. 이때는 부엌으로 조리를 하러 가는 척하거나 세탁실을 이용하는 척하면서 상황을 모면할 수 있다는 것이다.

이런 식으로 타인과의 접촉 정도를 원하는 대로 조절한다면 원룸의 공용 공간 사용자들은 프라이버시를 적절히 확보하면서도 공동체 의식 또한 공유할 수 있다. 코하우징 같은 원룸의 공용 공간이 거주자들에게 몸과 정신을 힐링할 수 있는 공간으로 자리잡기를 기대한다.

# 한 식구가 되는 식 탁

### 나홀로 라운징

식당에서 빚어지는 갈등이 몇 가지 있는데 그중 하나는 메뉴다. 많은 이들이 중국집에 갔다가 짜장면과 짬뽕 사이에서 갈등했던 경험이 있을 것이다. 오죽하면 짬짜면이란 게 나왔겠는가. 메뉴에 대한 것 말고도 그에 못지않은 갈등이 있다.

홀에서 먹을 것인가 또는 방에서 먹을 것인가, 즉 먹는 장소에 대한 갈등이 그것이다. 홀은 널찍해 답답한 느낌이 없는 반면 방에 비해 시끄럽고 때론 옆 사람들의 시선이 신경 쓰이기도 한다.

**공간,**
마음을 껴안다

그래서 대개는 조용하면서 남의 눈을 피하고 싶은 생각이 든다면 방을 선택하고 그런 경우가 아니라면 홀을 선택하기 마련이다. 문제는 자신이 현 상태에서 뭘 원하는지를 잘 모를 때다. 조용한 걸 원하는지, 좀 시끄러워도 좋으니 답답하지 않은 걸 원하는지를. 그런 상태로 홀과 방이 같이 있는 식당에 가게 되면 어김없이 공간 선택에 대한 갈등을 겪는다.

그런데 식당에 왜 홀도 있고 방도 있는지 생각해본 적이 있는가? 하나만 있다면 그런 선택에 대한 갈등도 없을 텐데 말이다. 지금부터 한번 생각해보자. 방이 많은 식당은 주로 일식집이다. 좀 그럴싸한 격식을 차리는 일식집이라면 홀엔 좌석이 몇 개 있지 않다. 대부분 방이다. 중식집도 그런 경향이 있다. 동네에 있는 배달 전문집이 아니고 조금 고급스러운 축에 속한다면 예외 없이 많은 방이 마련되어 있다.

그럼 양식집은 어떨까? 양식집은 별도의 방이 있는 경우가 많지 않다. 무지 비싼 고급 레스토랑이라 해도 그렇다. 식탁 간의 간격도 꽤 좁아 보인다. 체구가 큰 서양인이라면 식탁과 식탁 사이에 몸이 끼일지도 모르겠다는 생각이 들 정도다. 생각해보면 별실의 방이 있는 것은 동양식 전통이고 없는 것은 서양식 전통인 것 같기도 하다. 무엇보다 동서양 식당 간의 공간적 차이는 식문화 차이에서 비롯된 것일 가능성이 많다.

동양에서 밥을 먹는다는 것은 개인의 섭생 의미가 크다. 전통적으로 특별한 연회가 아니고선 밥을 먹을 때 웃고 떠들거나 남과 대화하는 걸 지양해왔다. 이런 전통은 많이 퇴색하긴 했지만 여전히 한국 사회에 남아 있는 것이다. 반면 서양에서 밥을 먹는다는 것은 사회적 교류의 의미가 크다. 말없이 음식만 먹는 것이 더 이상하게 비쳐진다. 어찌 보면 밥상의 구조가 그것을 불가능하게 가로막고 있다고 볼 수 있다. 서양인들은 음식을 큰 그릇에 담아놓고 그걸 덜어서 먹는다. 그렇게 음식을 나누면서 자연스럽게 말을 섞게 되는 것이다.

우리나라에 근대적인 식당이 처음 모습을 보이기 시작했을 때 대부분의 식당은 별실을 갖추고 있었다. 아예 홀이라는 개념이 없었다고 봐도 좋다. 최초의 상업용 식당은 일본으로부터 들어온 '요리집' 또는 '요정' 같은 것이라 볼 수 있는데 그런 식당은 배가 고파서 가는 집은 아니었다. 특별한 요리를 먹기 위한 집이었다고 봐야 한다. 그런 집들은 하나같이 별실의 방에서 식사를 할 수 있도록 되어 있었다. 그렇게 별실의 방을 갖추는 형식은 그 후 좀 더 일반화된 식당에서도 나타난다.

양식당처럼 별실의 방 없이 커다란 홀에서 이런저런 사람들이 함께 어울려 밥을 먹는 문화도 우리 사회에 많이 받아들여진 것 같다. 그러나 여전히 모르는 사람과 같이 식사하는 것이 어느 정

나홀로 식당

도는 불편한 게 사실이다. 특히 누군가와 조용히 사적인 얘기를 나눠야 하는 경우엔 더욱더 그렇다. 이런 점이 여전히 별실의 방을 두고 있는 식당이 많은 이유일 것이다.

그런데 요즘은 별실의 방을 넘어 좀 더 개인적인 식사 공간을 요구하는 경향도 새롭게 나타나고 있다. 이런 최근 경향이 반영되어 등장한 것이 바로 '나홀로 식당'이다. 이 식당의 각 개인은 독서실 좌석에 앉아 있다고 생각하면 된다. 일렬로 늘어놓은 좌석마다 들어앉은 각 개인은 옆 사람의 시선을 의식할 필요가 없다. 좌석 칸막이가 옆을 차단하고 있기 때문이다. 이런 나홀로 식당은 사실 일본에서 최근 유행하고 있는 것인데 이와 같은 식당이 우리나라 서울 몇 군데에서도 성업 중이라 한다.

나홀로 식당의 성공엔 1인 가구의 증가가 한몫했음이 분명하다. 그들에겐 가족 외식이라는 게 곧 나홀로 식사일 수밖에 없기 때문이다. 하지만 이것만으론 직장 근처의 나홀로 식당을 설명할 수는 없다. 식당에서 혼자 마지막 남은 4인용 테이블을 차지했다가 뒤늦게 들이닥친 4인 손님들 탓에 결국 불쾌해진 마음으로 식당 문을 나선 경험이 있을 것이다. 그런 쓸데없는 눈치를 살피지 않아도 되는 나홀로 식당은 불가피하게 혼자 식사를 해결해야 하는 사람들에겐 반가운 공간인 것이다. 하지만 동료와 함께 일하는 직장 주변에 이런 식당이 늘어나는 이유를 설명하기엔 여전히 부족하다.

이런 현상과 맞물려 최근엔 '나홀로 라운징'이라는 표현을 사용하기도 한다. 다른 사람을 의식하지 않고 혼자서 행복하게 여가를 즐긴다는 뜻이다. 다시 말해 다른 사람들과 함께하면서 불가피하게 겪게 되는 심리적 갈등이나 불편함 없이 마음 편하게 혼자 즐기겠다는 것이다. 다만 여기엔 대가가 따른다. 바로 외로울 수 있다는 것.

그러나 나홀로 라운징족들에게 외로움은 큰 문제가 아니다. 그것은 남과 어울리는 데서 오는 스트레스보다 차라리 낫다는 입장이다. 이들은 밥도 혼자 먹고 노래방도 혼자 간다. 그래서 이들에게 나홀로 라운징족이라는 이름이 붙여진 것이다. 그런데 이 이름은 적절치 않은 것 같다. 그들이 하는 것은 라운징이 아니기 때문이다.

## 산마르코 광장의 불꽃놀이 축제

매년 7월 셋째 주 토요일 이탈리아 베니스의 산마르코 광장에선 불꽃놀이 축제가 벌어진다. 이름하여 '레덴토레 불꽃놀이'다. 산마르코 광장 부둣가에 각종 요트들이 모여들고 이와 함께 광장에 수많은 인파가 몰린다. 이들은 밤 11시가 되면 시작하는 불꽃놀이를 보려는 사람들이다. 요트를 타고 바다에 떠 있는 사람들이나 산마르코 광장을 메우고 있는 사람들 모두가 밤하늘을 수놓는 불꽃놀이에 취해 흥겨워하는 것이 바로 이 레덴토레 불꽃놀이 축제다.

이 축제는 대단히 흥겹지만 그 시작은 흥겨운 것과는 거리가 있었다. 16세기 흑사병이 전 유럽을 강타했던 무렵 베니스에서도 흑사병으로 수많은 사람이 죽음을 맞이했다. 이후 흑사병이 잦아들자 한 군주가 감사한 마음으로 레덴토레 성당을 지어 하느

레덴토레 불꽃축제

님께 봉헌한다. 성당이 완성된 후 사람들은 레덴토레 성당이 바라보이는 산마르코 광장에 모여 흑사병으로 죽은 사람들을 애도하고 살아남은 자들의 아픔을 달래기 위한 모임을 시작했다. 자신과 같은 상실의 슬픔을 가진 사람들과 만남을 갖고 서로 위로하고자 한 것이다. 레덴토레 불꽃축제는 이렇게 처연한 사연에서 비롯됐다.

산마르코 광장엔 가족을 잃은 수만 명의 사람들이 모여 함께 식사를 했다. 식구라는 말이 한솥밥을 먹는다는 데서 유래한 것처럼 이들은 식사를 함께하고 또 슬픔을 나누면서 정말로 한 식구가 되는 기분을 느꼈을지 모른다. 또한 모두가 공동체 의식을 절실하게 공유하며 서로를 위로했을 것이다.

한편 산마르코 광장에 차려진 만인의 식탁은 흑사병에서 살아남은 자신들이 다시 도시 공간의 주인으로 돌아왔음을 확인시켜주는 상징과 같은 것이라 볼 수도 있다. 식탁과 식탁으로 연결된 수만 명의 사람들은 원치 않게 격리된 상태, 즉 죽음의 공포만이 그들과 함께하고 있던 상황에서 벗어나 다른 이들과 인간적 온기를 나눌 수 있음에 감사한다. 다시 말해 산마르코 광장에 차려진 만인의 식탁은 흑사병에서 살아남은 베니스 시민들을 위한 라운징 공간이었다.

현재의 산마르코 광장 불꽃축제에도 그 흔적은 남아 있다. 밤하늘을 수놓는 불꽃을 보는 것이 축제의 가장 큰 목적이긴 하다. 그러나 밤하늘의 불꽃 구경을 더 흥겨운 것으로 만들어주는 것은 역시 같이 있는 사람들 무리다. 불꽃축제의 주인공은 불꽃 그 자체보다는 불꽃이 하늘에서 피어날 때마다 탄성을 내지르는 사람들의 체온이다.

산마르코 광장의 불꽃놀이를 기다리는 사람들은 좋은 자리를 차지하기 위해 이른 저녁부터 광장에 자리를 잡는다. 이들은 이른 저녁부터 자리를 맡아야 하기 때문에 저녁 식사를 미리 준비해 나온다. 가족끼리, 친구끼리, 그리고 광장을 가득 메운 모르는 타인들과 함께 밥을 먹으며 서로의 체온을 나누는 것이다.

　나홀로 식당과 만인의 식탁은 여러 모로 다른 극과 극의 체험이다. 라운징은 타인의 존재와 눈길을 수용할 수 있는 공간에서만 가능하다. 그런 의미에서 보면 나홀로 식당은 결코 라운징 공간이 아닌 것이다. 타인과 함께 있되 불편함을 느끼지 않을 정도의 심리적 거리가 허용되는 곳. 자신을 둘러싼 타인의 존재감에 억눌리지 않아도 되는 곳. 그런 곳에선 타인과의 어울림이 나에게 위안이 되고 즐거움이 된다. 그런 곳이 바로 라운징 공간이다.

　언젠가 베니스의 산마르코 광장의 불꽃놀이 축제를 보게 된다면 꼭 떠올려보길 바란다. 흑사병으로 사랑하는 이를 떠나보낸 사람들이 광장에 함께 모여 식사를 나누는 모습을. 그들이 느꼈을 그 슬픔과 그리움을. 그리고 서로 말과 체온으로 건네는 그 위안을.

# 완벽하게
## 단절된 세계

### 왜 우리는 박물관을 찾을까

박물관은 나들이 양념 코스 같은 곳이다. 특히나 휴가 기간 중이라면 더욱 그렇다. 왜 사람들은 박물관을 찾는 걸까? 인류 문화에서 중요한 의의를 가지는 물건들을 관람하고 역사를 배우기 위함도 있지만 박물관에서 얻는 라운징의 기쁨 때문이기도 하다.

박물관의 공간적 특징 중 가장 두드러지는 것은 외부와의 완벽한 단절이다. 박물관에 들어서는 순간 사람들은 외부 세계와는 전혀 다른 세계로 들어서는 느낌을 받게 된다. 이는 현재의 삶으로부터 박물관에 전시된 옛 물건들의 세계, 즉 오래된 과거로 빨려들어가기 때문만은 아니다. 물리적인 경험의 변화라는 측면에서도 그렇다. 박물관은 무창건축인 경우가 대부분이다. 창이 없다는 말이다. 박물관 내부로 들어가면 밖을 내다볼 수 없다. 외부 세계와의 연결이 완벽하게 차단되는 것이다.

박물관이 무창건축을 추구하는 데엔 크게 두 가지 이유가 있다. 하나는 전시물을 태양빛으로부터 보호하기 위해서다. 특히 자외선은 전시물에 무척이나 해롭다. 박물관에서 흔히 보유하고 있는 유물들은 자외선에 노출될 경우 변색되거나 변질되며 또한 물리적 강도가 약화된다. 다른 하나는 전시 공간 내부의 시각적 상태를 가장 관람하기 좋은 상태로 일정하게 유지하기 위해서다. 태양빛은 맑은 날 다르고 흐린 날 다르다. 그리고 아침과 저녁이 다르다. 전시물에 그림자가 생긴다면 적절한 관찰이 불가능해질 수도 있다. 그래서 박물관에선 전시물을 최적의 관찰 가능한 상태로 유지하기 위해 인공조명을 사용한다.

때로 박물관에 창이 설치되어 있는 걸 발견한 적도 있을 것이다. 그럴 때면 좀 더 자세하게 관찰해보길 바란다. 창이 설치되어 있는 경우 두 가지 배려가 거기에 숨어 있다. 하나는 직사광선의 유입은 엄격하게 차단한다는 것. 이를 위해 창은 반드시 북쪽에 내거나 또는 천장에 둔다. 동, 서, 남쪽에 창을 내면 하루 중 어느

킴벨미술관의 내부 중정

때 직사광선이 유입될 수 있기 때문이다.

　다른 하나는 눈치채기가 쉽진 않다. 창을 이루는 개구부의 주둥이를 길게 빼내는 것이다. 이것의 효과는 두 가지다. 우선은 혹시라도 들어올 수 있는 직사광선의 유입 가능성을 완벽하게 차단하는 효과가 있다는 것. 그리고 더 중요한 것은 바로 빛을 섞어서 더 부드러운 느낌을 만들 수 있다는 것이다. 빛은 긴 주둥이를 통과하면서, 이쪽저쪽 벽에 부딪치면서 좀 더 부드러운 느낌으로 변화한다. 이런 효과를 강조하기 위해 때론 창의 주둥이를 한 번 꺾기도 한다.

그런데 박물관의 휴게 공간에서조차 외부로 나는 창을 제한하는 이유는 무엇일까? 이는 외부와의 단절감을 계속해서 주기 위함이다. 박물관 건축은 어느 곳에서나 외부로 난 창은 지양하는 습성을 가진다. 다시 현실 세계로 돌아가기 전까지 관람자에게 지속적으로 다른 세계에 와 있다는 느낌을 심어주려 한다.

외부와의 단절 그리고 새로운 세계로 진입하는 느낌은 라운징의 가장 중요한 조건을 완성한다. 찌든 일상으로부터의 탈출 말이다. 휴가지에서 박물관을 쉽게 만날 수 있다는 점은 이런 조건을 더욱 충족시켜준다. 휴가는 일상을 떠나는 행위다. 그리고 휴가지에서의 박물관 관람은 우리를 일상으로부터 더욱 멀어지게 한다.

박물관 내부 동선 형식엔 크게 두 가지가 있다. 하나는 홀 형식이고 다른 하나는 연속순로 형식이다. 홀 형식은 박물관의 중앙 또는 측면에 홀을 두고 거기에서 몇 개로 나뉜 개별 전시 공간으로 출입할 수 있게 한 것이다. 연속순로 형식은 개별 전시 공간을 죽 늘어놓고 한 전시관을 보고 곧바로 다른 전시관으로 이동하게 만들어놓은 것을 말한다.

관람의 집중도만 놓고 본다면 홀 형식이 더 우수하다고 할 수 있다. 그런데 이 형식엔 개별 전시실을 들어갔다가 다시 나와야 한다는 번거로움이 있다. 때로 전시실을 의도치 않게 빠뜨리고

다른 전시실로 넘어가는 일이 벌어지기도 한다. 간단히 말하자면 길 찾기가 상대적으로 쉽지 않다. 이에 반해 연속순로 형식은 길을 잃는 경우가 거의 없다. 한 번 입구에 들어서게 되면 그냥 쭉 앞으로 나아가기만 하면 된다. 절대로 길을 잃을 염려가 없다. 그런데 이것의 문제는 전시물들을 천천히 자세하게 보는 학구파 관람객과 빠르게 휙 훑어보고 지나는 주마간산파 관람객의 동선이 교차되면서 전시관 내부에 혼란이 빚어질 수 있다는 점이다.

과거 박물관에선 홀 형식을 채택하는 경우가 많았지만 점차 연속순로형식을 선호하는 추세를 보이고 있다. 이는 박물관 관람에 대한 사람들의 인식이 깊이보다는 가벼운 체험 쪽을 더 선호하는 경향이 생겼기 때문이다.

여하튼 홀 형식이든 연속순로 형식이든 물건을 전시하는 단위를 다루는 방법은 동일하다. 전시관 내부 동선을 따라 부스를 설치하고 부스별로 다른 소재를 전시한다. 이 부스라는 것이 아주 재밌는 역할을 한다. 박물관의 전시 공간과 내부의 부스는 당연히 여러 사람이 함께 즐기는 대상이다. 그런데 전시 공간을 다수의 부스로 쪼개놓고 보면 재밌는 일이 벌어진다. 어느 한 사람 또는 한 그룹이 하나의 부스를 차지하고 있으면 그 부스는 그 한 사람 또는 한 그룹만의 공간이 된다는 점이다. 부스 앞에서 관람자는 완전한 공간의 주인이 되는 것이다. 이렇듯 박물관 관람은 공간의 주인이 되는 기회를 제공함으로써 일상으로부터의 일탈을 완성할 수 있도록 해준다.

박물관 전시 공간의 특징은 어둡다는 것 그리고 동선을 따라 늘어선 부스들이 만들어내는 작은 영역들의 집합체라는 것이다. 전시관 내부가 어두운 것은 부스 내부를 상대적으로 밝게 하기 위한 것이다. 그 반대가 되면 부스 전면 유리에 관람자의 상이 맺힐 수도 있고 눈부심이 생길 수도 있다. 부스들을 나열해 작은 영역들을 생성해낸 것은 한정된 공간에 효율적인 동선을 만들기 위함도 있다.

전시관 내부의 낮은 조도와 부스들을 경계로 만들어지는 작은 영역들은 본래 의도를 넘어서 전혀 예기치 못한 역할을 한다. 여러 사람이 동시에 이용하는 전시 공간을 지나치게 공적이지 않은 공간으로 만들어준다는 것이다. 관람자는 자신이 서 있는 부스 앞 영역에서 자신만의 영역을 차지하고 있다는 느낌을 가질 수 있으며 또한 실내의 어두운 조도는 서로를 향한 관람자들의 시선을 희석시켜준다. 그럼으로써 관람자는 공적인 공간에서 어느 정도 프라이버시를 확보할 수 있게 되는 것이다. 이렇게 사람들은 박물관에서 공간의 주인이 되고 프라이버시를 확보하는 데 성공함으로써 진정한 라운징을 즐기게 된다. 실상 이것이 사람들이 박물관을 찾는 이유가 아닐까 싶다.

## 박물관에서 사람 관람하기

그런데 박물관의 관람거리는 다만 전시물들뿐일까? 최근에 지어
진 박물관은 관람거리의 하나로 사람을 도입한다. 부스 안에 사
람을 넣어놓는다는 얘기가 아니다. 박물관을 관람하러 온 사람
들이 박물관을 관람하러 온 또 다른 사람들을 구경한다는 뜻이
다. 사람들은 서로 관람자이자 동시에 관람 대상이 되는 것이다.

요즘 박물관은 이런 목적을 달성하기 위해 두 가지 변화를 꾀
했다. 하나는 박물관 내부에 사람들이 모일 수 있는 공간을 마련
한 것. 그리고 거기에서 전통적인 전시와 교육, 공연이 이뤄지도

관람객을 관람하는 관람객

전시실, 통로, 홀이 서로 들여다보이는 서울역사박물관

록 했다. 물론 공연은 박물관의 전시 내용 등을 담고 있다. 대개
공연장은 주요 통로에서 관찰이 가능한 공간에 설치된다. 그러
므로 공연장에 모인 사람들은 통로나 다른 데서 그들을 보는 사
람들을 위한 관람거리가 된다.

또 다른 변화라 함은 개별 전시관의 벽을 뜯어냈다는 것이다.
이렇게 하면 전시장을 관람하는 사람들을 관찰할 수 있게 된다.

이런 두 가지 변화를 잘 관찰할 수 있는 곳이 바로 서울역사박
물관이다. 서울역사박물관은 홀 형식을 채택하고 있다. 중앙에
홀을 두고 그곳으로부터 개별 전시관으로 진입할 수 있도록 했

다. 그런데 이 홀을 아주 크게 만들어 공연장으로도 사용할 수 있도록 했다. 뿐만 아니라 각 전시실과 홀을 분리하는 벽을 뜯어내 전시실 내부가 홀과 공연장에서 보이도록 했다. 서울역사박물관 내부 공간은 중앙 홀과 그것을 둘러싼 동선 그리고 그 동선에 달려 있는 전시실로 구성된다. 주동선에 서면 홀에 설치된 공연장과 함께 공연을 즐기는 사람들을 관람할 수 있으며 동시에 전시관 내부에 있는 사람들도 관람할 수 있다. 마찬가지로 홀에서 공연을 즐기는 사람이나 전시관 내부에 있는 사람 또한 고개를 들기만 하면 동선을 따라 움직이는 사람을 볼 수도 있다. 그러니 공연장에서 음악이 흘러나온다면 이 모든 공간의 관람자들은 그 음악을 통해 서로서로 한 공간에 묶이게 된다.

서울역사박물관에서 관람객들이 서로를 관람하는 행위를 얼마나 중요하게 생각하고 있는가는 전시장 상부를 가로지르는 공중 다리를 보면 알 수 있다. 그곳에선 전시장 내부에서 전시물을 감상하고 있는 사람들을 감상할 수 있다.

박물관에서 감상할 수 있는 대상 중에서 전시물 못지않게 중요한 것이 사람이라는 것은 오스트리아 건축 설계 회사 쿱 힘멜블라우Coop Himmelb(l)au에서 설계한 BMW 벨트에서도 확인할 수 있다.

자동차 전시장 공간 상부를 가로지르며 지나가는 공중 다리가 그렇다. 거기에 서면 자동차 전시장 내부의 모든 사람들이 보

서울역사박물관 공중 다리

BMW 벨트

**공간,**
마음을 껴안다

인다. 패놉티콘panopticon은 중앙에 높은 하나의 감시탑과 그 주변 둘레에 여러 방을 둔 건물구조를 가지는데, 이 다리는 패놉티콘의 중심과도 같으면서 패놉티콘과는 절대로 다른 곳이다. 패놉티콘에선 중심에 설 수 있는 사람이 결정되어 있는 반면 이곳에선 누구나 다 그곳에 설 수 있기 때문이다. 이곳의 사람들은 서로 자신을 보여주길 허락한다.

서울역사박물관이나 BMW 벨트 모두 사람을 관람거리로 끌어들이는 데 주저함이 없다. 사람들은 서로 개방된 자신을 보여주면서 즐거움이 배가되는 경험을 하게 된다.

그런데 BMW 벨트에는 없는 것 하나가 서울역사박물관에는 있다. 서울역사박물관 전시실 내 다리를 따라가다 보면 다리가 전시실 일부를 가로막은 벽을 뚫고서 어딘가로 연장되어 내딛는다는 걸 알게 된다. 그 벽 너머엔 전시 공간에 어울리지 않을 정도로 강한 빛이 스며든다. 전체적으로 어둑한 실내의 한 지점에 스미는 빛은 다리를 걷고 있는 관람객의 시선을 사로잡기에 충분하다.

이어 다리가 삼각형으로 좁아지는 걸 보게 된다. 이제 몇 걸음만 더 내딛으면 오로지 혼자만 설 수 있을 정도로 좁은 공간이 나타난다. 그곳에 서면 서울역사박물관의 모든 것이 한눈에 들어온다. 건물의 주출입구, 리셉션 데스크, 공연장, 계단 그리고 전

서울역사박물관의 삼각형 다리

**공간,**
마음을 껴안다

시실……. 그곳은 패놉티콘의 중심이 된다. 모든 것을 감시할 수 있는 공간. 더 중요한 건 일시적이긴 하지만 오로지 혼자만이 그 광경을 감상할 수 있다는 것이다. 그로써 서울역사박물관의 삼각형 공중 다리에선 절대적인 공간의 지배가가 된 느낌을 얻을 수 있다.

과거에 박물관을 찾는다는 것은 공간의 주인이 되는 일탈과 프라이버시를 획득하는 의미가 강했다면 요즘 박물관에선 '다른 나'가 되어보는 체험과 더불어 공동체 의식 확보에도 의미를 두려는 듯하다. 박물관은 알고 보면 매우 좋은 라운징 공간이다. 공간의 주인이 되고 싶고 또 많은 사람이 모여 있는 와중에도 프라이버시를 찾고 싶다면 이전에 건립된 박물관을, '다른 나'가 되어보는 경험을 하면서 다른 사람과 어울리는 즐거움을 찾고 싶다면 최근 세워진 박물관을 찾아보자.

# 사 이 버 공 간 으 로
## 외출하다

### 제4의 공간을 찾아서

우리는 제1공간이라 불리는 집에서나 제2공간이라 불리는 직장
에서 날마다 거의 같은 생활을 반복한다. 사람들은 제3의 공간을
찾아야 그런 지긋한 일상에서 탈출할 기회를 얻을 수 있다. 카페
를 가거나 미술관이나 박물관 같은 곳 말이다. 하지만 그리하자
면 돈과 시간이 든다. 또 그 밖의 상황들이 새 공간으로의 외출을
가로막을 때도 있다. 그럴 때면 제4의 공간을 찾는 것도 괜찮다.
제4의 공간이란 바로 사이버공간을 의미한다.

테트리스

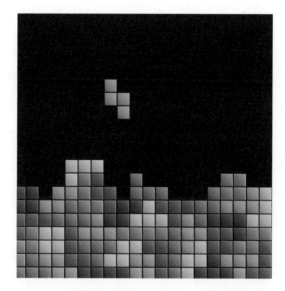

사이버공간엔 우리가 제3의 공간에서 찾을 수 있는 것보다 훨씬 더 많은 라운징 공간들이 존재한다. 사이버공간에 펼쳐진 라운징 공간은 넓고 다양하다. 그뿐이 아니다. 거기엔 시간 제약도 없다. 1년 365일 하루 24시간 개방되어 있는 공간이다. 어찌 보면 실재하는 제3의 공간보다 더 현실적이다.

라운징을 위한 최초의 사이버공간은 테트리스라 해도 과언이 아니다. 그 이전까지의 게임은 주로 오락실에서 아이들이나 하는 것이었다. 테트리스가 개인용 컴퓨터에서 작동하기 시작했을 때부터 사이버공간에서의 라운징이 제대로 시작됐다고 볼 수 있다. 테트리스와 비슷한 많은 게임들이 있었지만 그것들은 거의 오락실에 가야만 할 수 있는 것이었다. 오락실은 개인 방과는 달리 게임하는 사람이 전적으로 사이버공간에 몰입하기 어려운 분위기를 지니고 있었다. 아무도 눈치를 주거나 간섭하지 않는 나만의 물리적 공간에서 접근하는 테트리스 게임은 돈도 들지 않고 이동하는 데 시간도 들지 않으면서 사이버공간에 전적으로 몰입할 수 있게 해줬다.

테트리스 게임은 알다시피 일자형, 기역자형, 정사각형, 요철형 블록을 빈틈없이 채워나가는 게임이다. 빈틈없이 채워진 가로 줄은 화면에서 사라지는데 블록이 계속 쌓여 제한된 높이에 달하게 되면 끝이 나는 게임이다. 특별히 할 일이 없을 때 테트리스는 시간 보내기용으로 아주 좋다. 테트리스를 하고 있으면 복잡한 생각도 사라진다. 단지 블록 부수는 데에만 집중하게 되는 것이다. 테트리스가 혼자 놀기에 적당한 게임이긴 하지만 오프라인의 사람들과 함께한다면 재미는 더해지기 마련이다. 테트리스는 현실 공간과 사이버공간을 오가며 즐기는 게임이다.

그러나 테트리스는 이런 즐거움에도 사회적 교류의 양과 질을 조절하는 면에 있어선 부족함이 많다. 즉 라운징으로 기능하기엔 미약한 것이다. 이 점에서 아쉬움이 짙게 묻어난다.

## 너무나 현실적인 젬스톤의 세상

1980년대 초중반 테트리스가 개인용 컴퓨터 기반 게임을 석권했다면 1980년대 말 미국을 강타한 새로운 게임이 등장한다. 바로 젬스톤이라는 게임이다. 이 게임은 온라인 롤플레잉 게임이다. 젬스톤 세계에서 플레이어는 현실 세계와는 또 다른 자아를 구현할 수 있다. 원한다면 지적 능력이 뛰어난 사람이 될 수도 있고 아니면 육체적으로 강건한 사람이 될 수도 있다. 물론 자신이 원하는 캐릭터가 되기 위해선 게임 속에서 자신에게 주어진 임무를 완수해야만 한다. 그렇게만 한다면 플레이어는 얼마든지 게임 속에서 원하는 존재가 될 수 있다.

젬스톤은 현재 유행하는 리니지 게임과 같은 그래픽 게임이 아니다. 단지 모든 행동과 상황이 문자로 묘사된다. 가령 이런 식이다. 내가 북쪽으로 이동하고 싶다면 '북쪽'이라는 단어를 타이핑한다. 그러면 플레이어는 북쪽으로 이동하게 되는데 이동 결과 또한 텍스트로 표시된다. 그리고 다른 사람과 대화가 가능하다. 특정 대상을 지목해 대화를 시도할 수 있다. 공개적인 대화도 가능하고 둘만의 채팅도 가능하다. 상대가 괴물이라면 괴물을 공격할 수도 있다. 괴물 공격이 성공하면 보상을 얻는다. 그 보상으로 자신의 자동차를 살 수도 있고 집을 살 수도 있다. 이 게임의 매력적인 요소는 현실 생활에서 가능한 모든 일을 할 수 있다는 것이다. 친구를 사귈 수도 있고 이성을 만나 결혼을 할 수도 있다.

젬스톤 세상에서 자신은 '다른 나'가 될 수도 있고 만약 현실에서 사회적 교류가 부족해 외롭다면 다양한 많은 사람을 만날 수도 있다. 반대로 현실에서 맺은 너무 많은 사람들과의 교류 때문에 피곤하다면 단지 친밀한 몇몇하고만 소통을 나눌 수도 있다. 젬스톤 세상에서 플레이어는 필요한 사회적 교류의 질을 선택하고 원하는 만큼의 사회적 교류를 만들어낼 수 있다. 젬스톤은 완벽한 라운징 공간이다. 그게 현실이 아니라는 제약만 빼곤 말이다.

젬스톤의 또 다른 특징은 그것이 문자 기반이라는 점이다. 요즘처럼 그림으로 보여주는 게임이 아니다. 모든 행동과 상황이 문자로만 표시된다. 요즘 게임을 영화라 한다면 젬스톤은 소설에 가깝다. 영화는 영화만의 장점이 있지만 소설은 소설 나름의 강점을 가진다. 젬스톤과 같은 문자 기반 게임은 요즘의 그래픽 기반 게임보다 훨씬 더 상상력을 자극한다. 그래픽 기반 게임에선 캐릭터의 움직임으로 상대방의 현실 속 마음을 읽기가 쉽지 않다. 하지만 문자는 다르다. 비록 가상 세계에서의 대화이지만 문자 하나하나가 가지는 조그만 차이를 통해 사이버공간 저 건너

편에 있는 상대의 마음이 섬세하게 읽혀지기도 한다. 그리고 그렇게 읽고자 하는 순간 상상력은 무한하게 펼쳐진다.

젬스톤의 묘미는 여차하면 사이버공간을 현실 공간으로 연결시킬 수도 있다는 점이다. 실제로 젬스톤 세상에서 결혼생활을 하던 부부가 현실 세계의 부부로 이어지는 경우도 종종 나타났다. 사이버공간에서 찾을 수 있는 긴장감은 그것이 현실 세계로 이어질 수 있다는 가능성으로부터 비롯된다. 현실 공간과 사이버공간을 아슬아슬하게 넘나들면서 얻게 되는 긴장감이 젬스톤을 성공적인 온라인 게임으로 만들었다 해도 무리는 없을 것이다.

사이버공간에서 현실의 자신과 다른 '나'가 되어보기도 하고 필요한 만큼의 프라이버시 또는 공동체 의식을 획득하는 것은 젬스톤이 아니라도 가능하다. 어찌 보면 대부분의 온라인 게임이 그러한 기능을 한다. 그럼에도 불구하고 젬스톤 위주로 얘기를 하는 것은 그것만큼 현실 세계를 그대로 사이버공간으로 옮겨놓은 게임을 찾기 어렵기 때문이다.

대부분의 사람이 찾는 라운징 공간은 현실에 가까운 공간이다. 라운징 공간에서 만들어내는 무대는 자신의 현실과 동떨어지지 않아야 한다. 오히려 자신의 현실을 적나라하게 반영하는 것이 좋다. 그 안에서 자신이 현실과는 다른 모습으로, 또 원하는 대로 다른 이들과의 관계를 통제하는 데 성공했을 때 즐거움을 얻을 수 있다. 사이버공간의 모습이 실제 현실과 닮아 있으면 있을수록 그 두 공간의 경계는 미묘하게 흔들린다. 그 흔들림은 유쾌한 긴장감을 연출해낼 수 있다.

젬스톤처럼 현실 세계와 동떨어지지 않은 사이버공간에서의 라운징은 현실 세계에서의 라운징만큼이나 현실적일 수 있다. 그런데 젬스톤 같은 현실감이 살아 있는 게임이 요즘에 나타나지 않는 것은 왜일까? 문자만으로 넌지시 표현하는 것만으로도 너무나 현실적인 젬스톤의 세상은 그래픽으로 묘사하기엔 너무나 과한 현실이 되기 때문일지 모른다. 문득 〈비디오 킬드 더 라디오 스타 Video killed the radio star〉라는 노래가 생각난다. 그래픽이 젬스톤을 죽였다.

**공간,**
마음을 껴안다

# 난개발의
# 미학과
# 공원

## 서울의 팽창 그리고 신도시

1970년대와 1980년대를 거치면서 서울은 놀라운 속도로 성장했다. 일자리와 교육을 위해 지방의 많은 이들이 서울로 몰려들었다. 생산력이 우수한 인구가 집중되자 서울은 공간적으로 팽창했으며 또다시 인구를 불러들일 수 있는 조건을 갖추게 되었다. 이런 식으로 서울은 성장해왔다.

서울의 팽창은 서울 성곽을 넘는 일로부터 시작됐다. 서울의 북동문인 혜화문을 넘어 돈암동이 한옥단지로 개발됐으며 그다음으론 서대문을 넘어 연희동 일대가 주택지로 개발됐다. 혜화문을 넘어선 개발은 삼양동, 수유동으로 이어졌으며 서쪽으로 진행된 확장은 화곡동으로까지 이어졌다. 그 당시 서울의 성장 패턴은 간단하다. 서울 도심, 즉 광화문에서 접근성이 좋은 곳부터 주택지 개발이 이뤄졌다고 보면 된다. 서울의 팽창은 이렇게 평면적 확장으로 시작했다.

1980년대 서울의 신규 주택지라 할 수 있는 화곡동, 수유동은 서울 도심에서 볼 때 적지 않게 먼 거리였다. 지금처럼 도로가 넓고 크게 정비된 것도 아니고 더욱이 지하철도 없었으니 당시 그 두 지역에서 도심에 들어오자면 1시간 넘게 걸리는 게 보통이었다. 그렇게 도심으로부터 거리가 멀어져 접근성이 떨어지면 일단 수평적 확장은 숨을 고르게 된다.

서울은 수평적 확장 대신 수직적 확장을 시도한다. 기존 도심에 있는 중저층 건물을 고층화하는 작업을 벌인 것이다. 무교동 재개발이 그 신호탄이었다. 그리고 이어 장교 재개발, 마포 재개발이 이뤄졌다. 다른 한편으론 도심이나 도심 가까이에 있는 빈 땅이 고층건물로 꽉 채워지게 되었다.

이렇게 도시 확장이 수평적으로 그리고 수직적으로 이뤄졌음에도 서울은 여전히 배고픈 포식 공룡이었다. 신도시 개발이 시작됐다. 그 시작은 강남이다. 한강 남쪽에 아무도 눈여겨보지 않

**공간,**
마음을 껴안다

던 뽕나무밭이며 습지며 야산들이 신도시로 탈바꿈했다. 이후 신도시는 분당, 목동으로 이어졌고 수도권 1기 신도시, 수도권 2기 신도시가 연이어 들어섰다. 그리고 2010년대에 들어서야 서울의 팽창은 숨을 고르듯 잠잠해진다.

우리나라에 세워진 신도시 중 자급자족적인 도시를 표방했던 경우는 분당이 최초라 할 수 있다. 분당 이전에 강남 신도시가 있었지만 그것은 진정한 의미의 신도시라 보긴 어렵다. 강남은 서울 도심에 직장을 가진 사람들을 위한 베드타운으로 개발됐기 때문이다. 반면 분당은 처음부터 자급자족적인 도시로 계획됐다. 물론 지금에 와서 보면 결국엔 그런 도시 계획이 실패했음은 분명하다. 여하튼 애초의 계획과 건설 자체는 자급자족적 도시를 표방하며 진행된 것은 사실이다.

분당 신도시에서 가장 눈에 띄는 것은 전철역을 중심으로 형성된 상업 지역의 변화함이다. 분당이 처음 형성됐을 때 사람들은 놀랄 수밖에 없었다. 서현역이나 미금역, 오리역 등의 전철역을 중심으로 강남에서나 볼 수 있는 정도의 높은 건물들이 빽빽이 들어서 있었기 때문이다.

두 번째로 사람들을 놀라게 한 것은 바로 공원이다. 분당엔 이전 어디서도 볼 수 없는 체계적인 공원들이 등장했다. 분당 중앙공원이 그 대표적인 사례가 된다. 아파트가 빼곡히 들어선 주택가 한복판에 커다란 공원이 형성돼 있었던 것. 물론 인구 40만을 수용하는 대규모 신도시인 분당엔 중앙공원 외에도 유사한 다수의 공원들이 점점이 자리를 잡고 있다.

공원의 배치는 주거지역으로부터의 접근성을 가장 중요한 요소로 고려하게 된다. 그러다 보면 당연히 주거 밀집 지역 중심에 공원이 위치하게 되는 것이다. 분당 중앙공원은 바로 이런 식으로 만들어진 공원이다. 신도시의 경우 도로는 대개 격자형으로 구성된다. 기존 도시에선 나뭇가지형과 격자형이 혼재되는 것이 일반적이지만 신도시에선 나뭇가지형이 도입되는 경우가 거의 없다. 격자형이 도시 전체 동선으로 볼 때 효율성이 높기 때문이다.

전체적인 도로 형태가 격자형이다 보니 공원도 당연히 사각형에 가까운 외곽 경계선을 가지게 된다. 이렇게 공원의 외곽선이 결정되면 그 안에 필요한 기능을 담으면 된다. 공원에 필요한 것은 사람이 모일 수 있는 광장과 사람이 다닐 수 있는 길이다. 광장은 다양한 크기를 갖도록 하는 게 좋다. 많은 사람이 모일 수도 있고 때론 적은 사람이 모이는 상황도 있기 때문이다. 광장을 사각형으로 할 것인지, 아니면 원형으로 할 것인지, 또는 부정형의 폐곡선으로 할 것인지 선택의 가능성이 있다. 이는 중요한 디자인 요소가 된다. 길도 마찬가지다. 큰 광장을 연결하는 길은 크

분당 중앙공원

게, 작은 광장을 연결하는 길은 작게 만들면 된다. 길은 직선으로 만들 수도 있고 곡선으로 만들 수도 있다.

이렇듯 분당 중앙공원은 완벽하게 계획된 공원이다. 그러나 서울의 팽창을 지탱해준 신도시는 장기적 계획에 따라서만 생겨난 것은 아니었다. 아파트 단지 규모로 급히 개발되는 신도시는 주거 시설에 대한 그 외 서비스 시설의 적절한 비례가 확보되지 않는다. 이런 경우를 흔히 난개발이라 부른다. 다시 말해 난개발은 주거와 여타 시설 간의 적절한 비례가 확보되지 않은 채 주거 시설만 공급되는 경우를 지칭하는 부정적 의미의 단어인 것이다.

난개발 지역에선 당연히 공원도 난개발이 된다. 분당의 경우처럼 번듯한 공원들을 난개발 지역에선 찾아보기 어렵다. 난개발의 대표적인 사례로 지목되는 용인의 수지 지구가 그렇다. 용인의 수지 지구가 최초로 개발될 당시 거기엔 공원이라 부를 만한 제대로 된 공원이 존재하지 않았다. 물론 서비스 시설도 마찬가지였다. 그저 사람이 거주하는 아파트들로만 꽉 차 있을 뿐이었다.

분당엔 도시 생활을 하는 데 필요한 모든 것이 갖춰져 있었지만 수지는 달랐다. 아파트 단지 내 상가 수준에서 제공할 수 있는 것들만 있었을 뿐이다. 그리고 10년 정도가 흐른 뒤 수지에 변화

수지 공터에 들어선 서비스 시설

바람이 일었다. 아파트 단지와 단지 사이 방치됐던 공터에 각종 서비스 시설이 들어서는 한편 서비스 시설이 들어서지 못하는 곳엔 공원이 조성되기 시작한 것이다. 아니 공원으로 조성됐다기보다 공원처럼 꾸며졌다는 표현이 더 어울릴 수 있겠다.

결과적으로 분당의 서비스 시설과 수지의 서비스 시설 확보 수준은 어느새 비슷해지게 되었다. 오히려 서비스 시설 사용이라는 측면에서 볼 때 수지가 더 편리해진 점이 있었다. 그 대표적인 예로 이용 거리를 들 수 있다. 분당은 계획 당시부터 서비스 시설을 한 곳에 모아 배치한 반면 수지의 경우 공터 곳곳에서 자연발생적으로 서비스 시설이 들어섰다. 분당의 서비스 시설 배치는 계획가의 머릿속에서 툭 튀어나온 것이지만 수지의 그것은 어디에 건물을 짓고 장사를 해야 손님이 몰릴까 하고 수년간 궁리한 사람들의 경험 속에서 나온 것이다.

수지의 서비스 시설은 주민의 필요가 충분해질 때를 기다려 점차적으로 공급됐다고 봐도 좋다. 그리고 그 공터들이 아파트 단지 사이사이에 있었다는 걸 고려하면 단지별로 주민들이 쉽게 접근할 수 있는 거리에 서비스 시설이 들어섰을 것이라는 점도 쉽게 추측할 수 있을 것이다.

그리하여 수지의 서비스 시설은 전혀 기대되지 않았던 묘미를 주민들에게 선물할 수 있게 되었다. 아파트만으로 꽉 찬 계획도

수지 텃밭과 스타벅스

수지 샛길

시에선 맛볼 수 없는 것. 오히려 서울의 구도심, 이를테면 경복
궁 서쪽에 자리한 서촌 마을 같은 곳에서만 느낄 수 있는 묘미
말이다. 격자형 도로망에서 삐딱하게 어긋나 있으며, 큰 길에서
바로 접근하지 못하고 구불구불 돌아가야만 하기 때문에 생기는
구도심의 골목 같은 맛을 수지에선 분명 느낄 수 있다. 그런데
수지가 난개발로 건설된 지역이었으니……. 정말 아이러니라 하
지 않을 수 없다.

## 분당과 수지, 데카르트의 선택은?

수지의 공터에 들어선 것은 서비스 시설만이 아니다. 서비스 시설이 들어설 만한 자리가 아닌 곳엔 공원이 들어섰다. 공원이라고 해봤자 특별히 조성된 느낌은 아니다. 그저 나무 몇 그루와 앉아서 쉴 수 있는 벤치 몇 개를 가져다놓은 것뿐이다. 수지의 공원들은 주민들이 저녁 먹고 나와 간단하게 산책할 수 있을 정도로 접근성이 확보되어 있다. 그리고 다른 신도시 공원의 인공적인 멋 대신 자연 친화적이며 사람 사는 맛을 풍긴다.

분당의 경우는 계획된 공원이고 수지의 경우는 자연적으로 발생한 공원이다. 전자는 전자대로, 또 후자는 후자대로 나름의 멋이 있고 맛이 있다. 둘 중에 어느 것이 더 낫다고 할 수는 없다.

철학자 데카르트는 자연 발생적으로 나타난 도시는 거듭된 실수가 얽혀서 만들어진 것이라 불합리하다고 언급한 적이 있다. 반면 근대에 이르러 계획된 도시들은 모든 것이 완벽하게 계산된 것으로 인간의 삶을 합리적으로 담을 수 있다는 의견을 피력했다.

도시를 지어보지 않은 순수한 아마추어 데카르트는 계획도시를 선호했던 것. 그런데 건축가들은 대개 자연 발생적으로 나타난 도시를 좋아한다. 거기엔 인간의 수천 년 지혜가 담겨져 있다고 믿기 때문이다. 이들의 믿음이 생각보다 굳건한 것은 본인들

공간,
마음을 껴안다

분당 중앙공원 주차장

이 계획도시를 지어놓고 얼마나 많은 실수를 했는지를 깨달은 경험이 있기 때문이다. 정작 계획도시에 사는 사람들은 그걸 잘 모른다. 일상이 너무나 바쁘게 돌아가기 때문이다. 또 한편으로 보자면 자신이 살고 있는 도시를 다른 도시와 면밀히 비교할 기회도 없었기 때문이다.

라운징이라는 측면에서 분당의 공원과 수지의 공원을 살펴보자. 분당의 공원이 더 기능적이고 미적으로 잘 꾸며져 있다고 봐야 할 것이다. 그러나 친근감이라는 면에선 수지의 공원이 더 나아 보인다. 이는 단순히 수지의 공원들이 집 가까이에 포진해 있기 때문만은 아니다.

분당의 공원엔 패놉티콘의 눈이 있다. 누군가가 패놉티콘의 중심에 서서 지켜본다는 것이 아니다. 분당 공원에 살고 있는 패놉티콘의 눈은 '계획' 그 자체다. 분당 공원에서 공원 이용자가 어디를 들르거나 또는 어디를 향해 걸어가거나 할 때 그것은 '계획'의 실현일 뿐이다. 자신을 얽어매는 일상의 틀을 벗어나려고 공원에 나왔더니 이제 '계획'이란 틀에 얽매이게 되는 셈이다. 분당의 공원엔 숨을 곳이 없다. 손바닥만 한 공간에도 다 기능이 정해져 있으며 그곳에 머무른다는 건 그곳에 부여된 기능을 자신의 몸을 통해 구현하는 것임에 불과하다. 분당 공원의 사람들은

분당 중앙공원의 큰 길을 따라 걷는 사람들

길을 따라 흘러다닌다. '계획'은 공원이라는 공간의 지배자가 되고 사람들은 그 '계획'에 따라 그저 흘러다닐 뿐이다.

수지의 공원은 분당의 공원처럼 기능적이지도 못하고 시각적인 아름다움도 덜하다. 그러나 거기엔 패놉티콘의 눈이 없다. 어떤 '계획'도 없기 때문이다. 수지의 공원에서 자신이 무슨 행동을 할 때 그건 온전히 그 자신 뜻대로 하는 행동이 된다. 수지 공원의 이용자는 공간의 지배자가 되는 것이 가능하다. 이 작은 공원에서의 공간 지배자는 완전한 통제력을 가진다. 공원의 크기가 그리 크질 않아서 많은 사람에게 치일 일이 없기 때문이다.

수지 천변 나무 공원

데카르트에게 분당과 수지 중 어느 것이 더 마음에 드느냐 묻는다면 그는 당연히 분당의 손을 들어줄 것이다. 하지만 데카르트에게 같이 산책을 가자고 한다면 아마도 그는 라운징이 가능한 수지 공원을 선택하지 않을까?

# 길 의  진 화 ,
## 움직임에서
## 머무름으로

### 길거리 카페와 어반라운지

화창하긴 해도 아직은 제법 쌀쌀한 날씨의 어느 날. 카페 안에 자리가 있지만 굳이 카페 외부 테이블에 앉아서 바깥 공기를 즐기고 있는 무리들이 보인다. 이곳이 카페 안보다 좋은 것은 단지 맑은 공기만이 아니다. 길을 지나다니는 사람들을 구경할 수 있다는 것.

또한 같은 테이블에 마주앉아 있는 사람이 그렇게 친밀한 사람이 아니라면 카페 안보다는 밖에 앉는 것이 훨씬 더 편안하다. 지나가는 사람들이 끊임없이 대화거리를 제공해주기 때문이다.

아직은 쌀쌀한 날씨라 길거리에 내놓은 자리가 드문드문 비어 있지만 이제 날이 더 따뜻해지면 바깥에 자리잡는 건 쉽지 않은 일이 된다. 적당한 기온만 뒷받침해준다면 확실히 카페 내부보다는 외부, 길거리 카페가 더 좋다. 이곳엔 바람도 있고 구경거리가 될 만한 사람도 많이 지나다니지 않는가.

길거리 카페는 한 자리를 버젓이 차지하고 앉아 느긋한 마음으로 한가로움을 즐길 수 있는 자리다. 카페 자리가 아니라 길가에 간이 의자를 놓고 앉았다면 느끼기 힘든 안온함이 거기엔 있다. 길거리 카페 자리는 우리를 그 자리의 정당한 주인으로 만들

길거리 카페

어준다. 왜? 돈을 지불했으니까. 길거리 카페 의자에 앉아 각 개인은 공간의 주인이 되는 것이다. 이제 느긋한 마음으로 주변을 즐기면 된다.

길거리 카페가 실내 카페에 비해 색다른 면은 바로 사람 그리고 바람이다. 바람을 맞으며 사람을 구경한다. 그런데 실상 이 구경은 단순한 구경이 아니다. 지나가는 사람들과의 교류다.

길거리 카페와 유사한 어반라운지라는 게 있다. 어반라운지를 인터넷에서 찾으면 주로 카페들이 검색되어 나온다. 어반라운지라는 이름을 카페에 붙이고 있는 것이다. 사실 어반라운지라는 명칭은 일반적인 카페에 어울리지 않는다. '어반urban'이라는 수식어가 외부 공간임을 강하게 시사하기 때문이다. 명칭에서 유추하자면 어반라운지는 도시 공간의 일부를 실내의 라운지처럼 꾸미는 것과 상관이 있어 보인다. 어반라운지는 도시 공간의 일부, 특히 외부 공간을 마치 실내에 있는 라운지처럼 꾸며놓은 것이라 보면 될 것 같다.

## 도로를 라운징 공간으로

스위스 생갈렌에는 그야말로 이름 그대로 어반라운지라 불러도
좋을 외부 공간이 마련되어 있다. 거리의 일부에 카펫처럼 보이
는 바닥 패턴을 설치한 뒤 테이블과 의자를 대지와 일체된 형식
으로 구비해놓은 것이다. 스위스의 멀티미디어 예술가 피필로티
리스트Pipilotti Rist와 건축가 카를로스 마르티네즈Carlos Martinez가 프로젝
트로 설치한 작품이다. 실내의 라운지 공간에서 지붕을 벗겨내
고 벽을 들어낸 느낌이랄까.

스위스 생갈렌 어반라운지

**공간,**
마음을 껴안다

길거리 카페와 어반라운지의 차이라 한다면 길거리 카페의 가구는 언젠가 실내로 들어갈 것을 암시하고 있는 데 반해 어반라운지의 가구는 길의 바닥과 일체가 되어 언제나 그 자리에 있을 것 같은 분위기를 풍긴다는 것이다. 그리고 길거리 카페의 테이블과 의자는 다소곳하게 길가에 위치해 지나가는 행인들에게 길을 터주고 있는 반면 어반라운지의 가구는 당당히 길을 차지하고 있다는 점이다. 다시 말해 길거리 카페에서 길의 주인은 행인이고 어반라운지에서 길의 주인은 가구와 그것을 차지하고 있는 사람이 된다. 어반라운지는 도시를 쉴 만하고 또 즐길 만한 것이 되도록 도와준다.

이 생갈렌 어반라운지를 흉내내는 듯한 도시 디자인이 유럽 여러 도시에서 나타나고 있다. 그런데 그것들은 하나같이 아직 예술 작품에만 머물고 있다는 느낌이다. 지금까지 나타난 어반라운지는 실제로 라운지처럼 기능하는 것이 아니다. 사람들을 위해 느긋하게 한가로움을 즐기는 기능을 제공하고 있다기보다는 아직은 시각적 구경거리에 더 가깝다. 행인들은 어반라운지를 예술 작품 대하듯이 그저 바라본다. 때로 호기심어린 얼굴로 슬쩍 다가가 앉아보는 이들도 있지만 어반라운지 의자에 앉아 제대로 라운징을 즐기는 사람은 찾아보기 힘들다. 하지만 머지않아 어반라운지는 예술 작품에만 머물지 않고 도시민들의 생활 속으로 좀 더 가까이 스며들 것 같다.

　　스위스 생갈렌 어반라운지가 유명하긴 하지만 그것이 생기기 훨씬 전에 어반라운지를 고안한 건축가들이 있었다. 바로 사이트SITE, Sculpture In The Environment라는 건축가 그룹이다. SITE란 그룹명은 '환경 속의 조각'이라는 의미다. 이들의 작품에선 어반라운지가 분명하게 나타난다. 생갈렌의 어반라운지보다 더 분명하게 그리고 더 의미심장한 의의를 가지고 말이다.

사이트의 도로 공원

**공간,**
**마음을 껴안다**

사이트는 작품에서 도로를 인공으로 만들고 그곳에 의자와 테이블을 배치한다. 뿐만 아니다. 자동차도 만들어놓았다. 사이트는 도로를 라운징 공간으로 변화시킨다. 그리고 한 걸음 더 나아가 라운징하는 도로를 도시 속 하나의 조각으로 탈바꿈시키고 있다. 어느 면으로 보나 사이트의 작품은 어반라운지라 불러도 손색이 없다. 작품 속 의자와 테이블이 사람들이 실제 그런 기능으로 사용할 수 있도록 의도하고 있는 걸 보면 더욱 그러하다. 사이트의 어반라운지는 시각적 감상의 대상이 아니고 이미 실제로 사용되는 라운지로서 작동한다.

길거리 카페에서 개인은 공간의 주인이 되어 지나다니는 사람과의 교류를 즐긴다. 즉 다른 이들과 공동체 의식을 공유하는 것이다. 어반라운지에선 상황이 좀 달라진다. 어반라운지에서 개인은 땅과 일체가 된 가구를 차지하고 앉음으로써 더 강력한 공간의 지배자가 된다. 그런데 그다음이 다르다. 아주 공적인 공간인 길에 가구가 중요한 존재로 자리잡음으로써 길은 실내의 연장이 되고 그만큼 사적인 공간으로 변모하게 되는 것이다. 어반라운지에서 공간의 지배자는 길이 어반라운지가 되기 전엔 상상할 수 없었던 프라이버시를 즐길 수 있게 된다. 공적 공간에서 누리는 프라이버시는 도시를 또 다른 방법으로 즐길 수 있는 색다른 묘미를 줄 수 있다.

# 공항에 가면
## '다른 나'가
## 있다

### 일상으로부터의 탈출

대중교통을 이용한다면 여행의 시작과 끝은 철도역이거나 버스 터미널, 또는 바다 여행이 끼어 있다면 여객터미널, 하늘 길을 이용하는 여행이라면 공항이 된다. 시작과 끝을 담당하고 있는 이들 장소는 제각각 나름대로의 매력과 멋이 있다.

기차역의 매력은 우렁찬 소리와 함께 기다란 기차를 움직이게 하는 기관차의 힘이다. 근대 들어 기관차의 엔진은 힘을 더해왔다. 기차는 산업화의 상징이다. 우리가 산업혁명의 시작을 알린

근대 영국의 기차역을 눈으로 본 적은 없지만 기차역엔 항상 그런 기운이 감돈다. 부흥, 발전, 그런 것들에 대한 희망, 더 나은 미래를 부르는 소란스러움 같은 것들. 이런 것이 바로 기차역의 매력이다.

그럼 버스터미널의 매력은 무엇일까. 버스터미널은 왠지 기차역보다 훨씬 더 친근함을 준다. 도시 한편에 위치한 버스터미널은 우리가 일상에서 무심코 스쳐지나가는 장소다. 그러다 여행을 떠나고자 버스터미널을 찾을 때라야 우리는 그곳을 새삼 발견하곤 한다. 그럴 때 버스터미널은 일상의 장소가 아닌 특별한 장소로 변모해 버린다.

항구에 설치되는 여객터미널은 기차역이나 버스터미널보다 훨씬 더 특별하다. 우리가 늘 묶여 있는 육지를 벗어난다는 자각이 그것을 특별하게 여기게 되는 가장 중요한 요인이 아닐까 싶다. 땅과 바다를 연결하는 접점에 위치한 여객터미널은 일상과는 전혀 다른 새로운 세계로 들어가는 문과 같다.

여객터미널의 매력은 우리가 일상 속에서 경험하기 힘든 스케일의 힘을 맛보게 해준다는 데서 찾을 수 있다. 여객터미널에서 닻줄을 묶은 채로 우리를 기다리는 배들은 대개 우리의 상상을 초월하는 크기를 갖고 있다. 아무리 큰 배도 멀리 바다 위에 뜨면 하나의 점이 되지만 여객터미널에서 기다리고 있는 배는 거대한 산처럼 보인다. 일상적이지 않은 어마어마한 스케일은 우리에게 놀라움과 함께 신선함을 선사해준다.

하늘 길을 여는 공항은 버스터미널이나 여객터미널 같은 곳에 비해 꽤 고급스런 공간이라는 인상을 풍긴다. 아주 질릴 정도로 비행기를 타본 사람이 아니라면 공항을 찾은 이들은 신선감과 설렘 그리고 조금은 우쭐한 마음을 가지게 되기 마련이다. 비행기 여행에 고급스러움을 더해주는 것은 약간의 불안감이 아닐까. 익숙한 육지를 벗어나 낯선 공중의 세계에 진입했다는 것에 대한 그리고 혹시나 발생할지 모르는 예기치 않은 사고에 대한 불안감. 한 번 에어포켓에 걸리기라도 하면 그 불안감은 당당하게 우리를 압도한다. 이런 불안감은 여행에서 향신료 같은 역할을 한다. 아무런 대가 없이 얻는 것보다는 뭔가 노력을 하거나 힘들게 얻는 것일수록 갖는 즐거움이 크다는 걸 잘 알고 있지 않은가. 적당한 불안감은 여행을 더욱더 만끽하게 해준다.

비행기 여행의 최대 강점은 역시 일상으로부터 벗어난다는 기분을 다른 어떤 교통수단보다도 강렬하게 선사해준다는 것이다. 비행기의 폐쇄된 공간 또한 승객들이 익숙한 환경에서 완전히 벗어나 새로운 세계에 들어와 있음을 절감하게 한다. 비행기 여행은 일상으로부터의 완전한 일탈을 가능하게 한다.

## 공항에서의 라운징

어떤 이들은 공항에서 라운징을 즐긴다. 이들은 비행기를 타려는 목적이 아니라 라운징 목적으로 공항을 찾는다. 그리고 공항이라는 공간이 발산하는 특유의 매력을 음미하며 가벼운 식사와 커피를 즐기고 또 간단한 쇼핑을 즐기기도 한다.

공항을 물리적 공간이란 측면에서 생각해보자. 공항의 가장 큰 특징은 사람들이 만날 수 있는 실내 공간들 중에서 가장 크다

인천공항 청사 내부

는 것이다. 대도시에서 흔히 볼 수 있는 고층 건물은 건물의 규모가 큰 것이지 내부 공간이 큰 것은 아니다. 여하튼 공항은 그 어떤 건물이 거느린 것보다도 볼륨과 깊이 면에서 압도적인 크기의 실내 공간을 거느린다.

공항이 맡는 기능을 생각해보면 공항이 굳이 거대한 실내 공간을 거느릴 이유는 없다. 공항은 비행기 표를 구매하고 짐을 부치고 비행기 출발을 기다리다 비행기를 타기 위한 행위를 하는 공간이다. 비행장에서 벌어지는 어느 행위 하나 대규모 공간을 요구하지 않는다. 거대한 규모의 실내 공간이 없다 해도 이용하는 데 큰 불편함은 없을 것이다.

기능적인 측면에서 볼 때 공항이 꼭 대규모 실내 공간을 확보해야 하는 것은 아니지만 대규모 공간이 주는 매력은 무시할 수 없는 부분이기도 하다. 그 매력이라 함은 우리가 일상에서 흔히 접하지 못하는 공간의 규모가 주는 신선함이다. 일상에서 보기 힘든 것과 마주할 때 색다른 느낌을 받는 것은 당연한 일이다. 그로 인해 일상을 벗어나 뭔가 다른 경험의 세계로 들어간다는 느낌을 줄 수 있다. 이런 공항의 비일상성은 라운징과 관련이 있다.

많은 사람들로 북적대는 대규모 공간에서 라운징을 위한 한적한 장소를 찾아낸다는 것은 어쩌면 불가능한 일처럼 여겨질 것이다. 그런데 의외로 공항엔 그런 장소가 많다. 정말 거짓말처럼 고

**공간,**
마음을 껴안다

요한 장소를 찾을 수 있다. 공항 여기저기에 있는 카페들이 그렇고 식당들이 그렇다. 심지어 사람들이 지나다니는 통로 주변에 설치된 라운지도 그렇다. 막상 그런 곳들에 앉아 있다 보면 사람들이 많은 통로에서 느꼈던 소음과 북적거림이 어느새 잦아들었다는 걸 깨닫게 된다. 그곳은 그 북적거림 속에서도 가장 한적한 장소, 즉 태풍의 눈 같은 장소가 되는 것이다.

다시 말해 그곳은 그냥 한적한 곳이 아니다. 가장 번잡한 공간에서 찾은 한적함을 느낄 수 있는 곳이다. 우리를 라운징으로 이끄는 한적함이란 바로 이런 것이다. 라운징에서의 한적함은 항상 사람들 속에서 얻어지는 것이어야 한다. 라운징은 일상을 벗어나 색다른 경험을 하는 일과 더불어 다른 사람들과 어울리는 정도를 통제함으로써 필요한 정도의 프라이버시를 확보하는 일이기 때문이다. 공항 라운지가 라운징을 위한 최적의 장소가 되는 것은 바로 이런 면들을 가능하게 해주기 때문이다.

왜 공항의 카페나 식당, 라운지 공간이 보기와 다르게 한적한 장소가 되는 걸까. 여기엔 경계의 모호함과 공간 구조의 복잡함 그리고 영역 분리 방식의 특별함이 동시에 작용한다.

공항 내부는 얼핏 보기엔 무척이나 복잡하다. 여러 개의 실로 구획하지 않고 한 공간 안에 필요한 모든 단위 기능을 몰아넣었으니 그런 복잡함은 당연한 결과다. 공항 내부의 단위 기능 공간들, 이를테면 발권 카운터라든지 내부 여기저기 흩어져 있는 카페 같은 것들의 경계는 모호하다. 어디서부터 어디까지가 특정 단위 공간의 영역인지 확연하게 알아차리기 힘들다. 이는 단위 기능 공간을 시각적으로 뚜렷이 구분되는 벽으로 구획하지 않았기 때문이다. 어느 누가 봐도 쉽게 알 수 있는 구획 방식 대신 바닥의 패턴이나 상부 천장의 형태나 패턴 조작과 같은 우회적인 방식을 사용한다. 그러니 유심히 주의를 기울이지 않으면 모른다.

경계가 모호하다는 것은 가령 카페 같은 공간이 그곳에 있는지 없는지 분간이 잘 안 된다는 것이다. 마치 투명 망토를 입은 것처럼 분명히 있긴 한데 보이지 않는 장소가 되는 것이다. 이는 한적함을 만끽할 수 있는 첫 단추가 된다.

공항이 가진 복잡성도 중요한 역할을 한다. 카페의 존재 여부가 파악되었다 해도 거기에 도달하는 방법이 쉽게 파악되지 않는다. 즉 복잡성이 물리적 접근성을 떨어뜨리게 만든 것이다. 물리적 접근성이 떨어지면 당연히 카페는 한적할 수밖에 없다. 공항이 얼마나 복잡한 공간일 수 있는지는 영화 〈터미널〉을 보면 잘 알 수 있다.

비행기 여행이 우리보다 훨씬 빈번해 공항에 대해 잘 알 것만 같은 미국인들에게도 공항은 복잡한 공간으로 여겨지는 모양이다. 이 영화에서 주인공은 공항의 라운지와 화장실을 전전하며 무려 1년 여를 생활한다. 간단히 말해 공항에서 노숙 생활을 이어간 것이다. 이런 영화를 착안할 수 있었다는 것 자체가 일반적으로 사람들이 공항을 매우 복잡한 공간이라고 생각한다는 걸 보여준다.

공항 카페의 한적함은 적절한 분리에 따라 얻어지는 측면이 크다. 공간을 분리시키는 가장 효과적이고 간단한 방법은 벽을 세우는 일이다. 벽은 보이지도 들리지도 않게 만든다. 완벽한 분리가 가능해진다. 그리고 시공도 간단하다. 하지만 공항에선 될 수 있으면 그리하지 않는다. 수평적인 분리를 위해 도랑을 파고 수직적인 분리를 위해선 높이 차이를 두는 식이다. 이와 함께 그 도랑을 건너는 길을 조금 돌아가게 만들고 높이를 극복하기 위한 계단이나 경사로 같은 통로도 너무 직설적으로 이어붙이진 않는다.

중정을 이용한 수평 분리와 층을 달리하는 분리는 경계의 모호함이나 접근 통로의 복잡함보다 훨씬 더 카페와 같은 공간의 한적함을 더해줄 수 있다. 그런데 이런 분리가 시각적으론 개방되어 있다는 점이 중요하다. 볼 수 있고 그쪽으로부터 넘어오는 소리도 간간이 들을 수 있지만 물리적 접근만은 차단되는 셈이다. 이런 분리는 단위 기능 공간 입장에서 보면 한적함과 안전함을 얻을 수 있는 한편 다른 사람들과의 교류도 이어주는 좋은 장치가 된다. 물리적 가능성이라는 측면에서 보자면 중정이나 층을 달리하는 방법으로 분리가 가능한 것도 역시나 공항 실내가 대규모 공간이기 때문이다.

공항 라운지의 카페는 이처럼 라운징하기에 더할 나위 없이 좋은 공간이다. 관찰자로서 자신은 한적한 장소에 머물러 있을 수 있고 동시에 개방된 시각과 청각을 통해 다른 사람들과의 교류를 즐길 수 있다. 공항 라운지에선 매우 효과적인 방법으로 사회적 교류의 질과 양을 조절할 수 있는 것이다.


## 라운징 공간으로서의 김포공항과 인천공항

김포공항과 인천공항에서의 라운징은 어떤 차이가 있을까. 일상의 쳇바퀴로부터 일탈을 꿈꾸는 개인에게 각각 어떤 기회를 안겨줄까. 미리 그 정답을 얘기하자면 인천공항에서의 라운징은 '다른 나'가 될 기회를 주고 김포공항에서의 라운징은 공간의 주인이 되는 경험을 하게 해준다.

김포공항 청사는 건물 내부에 세 개 층이 계단식으로 펼쳐진다. 공항 로비 출입구에서 들어설 때면 2층과 3층이 한눈에 다

**공간,**
마음을 껴안다

보인다. 1층은 입국장이고 2층은 출국장 그리고 3층엔 카페나 식당이 있는 일종의 전통적 의미의 라운지 공간이 자리를 잡고 있다. 김포공항은 분명 인천공항에 비해 작은 규모이지만 로비 입구에 들어섰을 때 느껴지는 웅장함은 오히려 인천공항보다 강렬하다.

인천공항의 경우엔 로비에 들어섰을 때 모든 것이 한눈에 들어오지 않는다. 입국장은 한 층 아래에 있고 또 출국장은 그 앞을 발권 카운터들이 막고 서 있기 때문이다. 김포공항의 3층에 해당하는 층이 있긴 하지만 그것들은 로비에 들어선 사람의 눈을 가로막는 전면 벽 뒤에 숨어 있을 뿐이다. 김포공항에선 1층에서 2층으로 그리고 3층으로 점진적으로 올라가는 수직성이 강조되어 웅장함을 연출하는 데 비해 인천공항은 수직 방향의 시야는 제한되고 다만 끝도 없이 늘어선 항공사별 발권 카운터의 수평 띠만 눈에 띌 뿐이다.

이제 보는 시야의 방향을 바꿔보자. 공항 라운징 공간에서 로비 쪽을 바라보자는 것이다. 인천공항의 경우 그 시야가 매우 제한적이다. 일부 개방되어 있는 창을 통해 로비를 바라보는 것이 불가능한 건 아니지만 아래층을 내려다보려면 의식적인 몸동작이 필요하다. 의자를 바짝 창가에 붙이고 고개를 내밀어 내려다봐야만 아래 층 공간이 일부 눈에 들어온다. 인천공항의 라운징

김포공항 청사 내부

공간은 아래층을 내려다보는 시야보다는 같은 층에 있는 다른 라운징 공간과의 시각적, 물리적 접근 가능성에 좀 더 무게가 실려 있다. 이로써 인천공항 라운징 공간에선 다양한 기능을 포함하고 있는 다른 단위 기능 공간과의 밀접함을 통해 일상 속의 '나'가 아닌 '다른 나'가 되어보는 경험이 가능해진다.

　김포공항 3층 라운지에선 공항의 모든 곳이 다 내려다보인다. 1층 로비는 물론이고 2층도 마찬가지다. 여기서 중요한 건 내려다보인다는 것이다. 3층 라운징 공간은 1, 2층에 비해 분명 시각적인 우월성을 가진다. 1, 2층과 3층이 서로 시각적으로 열려 있

는 것은 분명하지만 1, 2층에선 고개를 치켜들어야 하는 어색함과 피곤함이 있다. 이에 반해 3층에선 자연스럽게 1, 2층을 내려다볼 수 있다. 어색하지도 않고 피곤하지도 않은 시각이다. 김포공항 3층의 라운징 공간은 감시가 용이한 시각적 우월성으로 인해 그곳을 점유하고 있는 사람들에게 공간의 주인이 될 수 있도록 해준다.

타인들과 교류하면서 필요한 만큼의 프라이버시를 확보할 수 있다는 면에선 인천공항과 김포공항이 동일하다. 공항 특유의 공간 구조는 다양한 볼거리와 함께 다양한 사람과의 부담스럽지 않을 정도의 어울림을 가능하게 해준다. 지난여름 노인들의 피서지로 인천공항이 각광을 받았다는 얘기도 들린다. 공항은 외로움을 달랠 수 있는 공간이기도 한 것이다. 젊은 사람들이라 해서 크게 달라지진 않는다. 말했듯이 그들도 비행기를 타려는 목적 없이 공항에서 식사를 하고 쇼핑을 하면서 충분히 라운징을 즐기고 있다.

# 텐트 안
# 최소한의
# 공간 속으로

## 사람들은 왜 캠핑을 좋아할까

해수욕을 할 수 있는 바닷가 한편에 마련된 텐트촌은 바가지요금에 넌더리가 난 피서객들이나 숙박 시설을 구하지 못한 젊은이들로 넘쳐났다. 그리 넓지 않은 면적에 많은 사람들이 텐트를 치다 보니 협소하기 그지없었다. 텐트들은 서로 나란히 바짝 붙어 있어서 옆 텐트의 말소리가 다 들릴 정도였다. 텐트 앞쪽 드나들기 위한 공간도 비좁을 수밖에 없었다. 조심하지 않으면 남의 텐트를 들이받는 일도 생겼다. 야영에 반드시 따라오기 마련인 것이 바로 야외 취사다. 여름철 피서가 절정에 다다르면 자신의 텐트 주변에서조차 밥 해먹을 공간을 확보하기 어려울 정도로 텐트촌은 붐볐다.

텐트촌은 그저 비를 피하고 모기 같은 벌레들을 피해 밤을 보내는 임시 거처였다. 텐트 안에서 안락하거나 편안함을 즐긴다는 것은 어려운 일이었다. 텐트 안은 모래로 가득했고 다닥다닥 붙어 있는 주변 텐트들 탓에 시원한 바닷바람을 얻기도 힘들었다. 바닷가 텐트의 밤은 즐기는 것이 아닌 때로 견뎌야만 하는 곳이었다.

취미가 어지간하지 않고선, 아니면 젊은 청춘이 아니고선 텐트를 치고 밤을 보내기가 쉽지 않았다. 사람들은 나이가 더 들면서 또는 다른 어떤 이유로 텐트보다는 돈이 들지만 보다 편안한 숙박 시설을 찾게 되었다. 텐트를 치고 밤을 보내는 일은 그저 젊은 청춘이 몇 해쯤 경험 삼아 해볼 만한 즐거운 고생이라는 인식이 많았던 것이다.

그러다 몇 년 전부터 갑자기 텐트 야영이 레저로서 붐을 타기 시작했다. 텐트 야영에 대한 불편한 기억을 가진 이라면 근래의 캠핑 붐을 이해하기 어려울지 모른다. 그런데 한 번 정도 캠핑족의 강권에 못 이겨 따라가보면 생각을 달리하게 된다. 이들은 웬만한 독신자의 이삿짐 정도 되어 보이는 장비들을 잔뜩 차에 싣

고선 떠난다. 그러고는 텐트 야영을 위한 전용 캠핑장에서 집만큼이나 거창한 텐트를 치고 거기에서 밤을 보내는 것이다. 캠핑장에서 가장 중요한 활동은 임시 거주지인 텐트를 치고 밥을 해먹고 거기서 자는 일이다. 그 이외의 것들은 캠핑에 부수되는 활동이다.

우선 캠핑이 주목적이 되는 레저 활동에 놀라게 된다. 그다음으로는 호텔에 비교하긴 뭐하지만 그래도 웬만한 여관방 수준은 충분하게 맞출 수 있는 텐트 자체에 놀라게 된다. 텐트 소재의 발달과 공기의 흐름을 잘 조절할 수 있도록 고안된 구조 덕에 요즘의 신형 텐트들은 에어컨 달린 여관방이 부럽지 않은 내부 환경을 만들 수 있다. 텐트 위에 타프를 씌워준다면 더욱 좋다. 바닥에서 올라오는 습기는 매트를 이용해 차단한다. 매트에 쿨 소재를 입히면 습기는 물론이고 체온보다 3도 정도 낮게 느껴지는 시원함까지 얻을 수 있다. 한낮의 뜨거운 더위는 어쩔 수 없지만 밤의 한풀 꺾인 더위 정도는 얼마든지 쾌적한 온도로 바꿔놓을 수 있다.

캠핑 장비의 발달과 자동차라는 편리한 이동 수단 덕분에 캠핑은 이제 여름철만의 레저 활동이 아닌 것이 되었다. 오히려 겨울철을 더 선호하는 캠핑족들도 생겨났다. 여름보다 겨울을 더 선호하는 사람들이 생겨난 것은 설경을 즐길 수 있다는 장점 때

**공간,**
마음을 껴안다

문이지만 텐트 안 거주 상태의 적절한 유지는 오히려 겨울이 더 쉽기 때문이기도 하다.

텐트 안 거주 상태를 결정하는 것은 온도와 습도다. 이 두 가지를 적절히 유지해줘야 한다. 여름철엔 온도도 높고 습도도 높다. 이 두 가지를 다 낮춰줘야만 쾌적한 실내 환경을 마련할 수 있다. 반면 겨울엔 온도가 낮을 뿐 습도는 쾌적한 상태다. 그저 온도만 높여주면 되는 것이다. 텐트 안에 난로 하나 들여놓는 것으로 족하다.

종종 난로에서 발생하는 가스로 인한 질식 사고 소식도 들린다. 그런데 약간의 추가적인 불편함만 감수한다면 그런 걱정에서 쉽게 벗어날 수 있다. 바로 화목난로를 하나 가지고 가면 된다. 가로 세로 1미터가 채 되지 않는 장작을 때는 화목난로 하나면 그런 걱정은 끝이다. 화목난로는 사고 걱정 없이 따뜻하게 해주는 역할만 하는 것이 아니다. 장작불 타는 모습은 텐트 안을 더할 나위 없이 운치 있는 공간으로 만들어준다. 게다가 난로 불에 구워먹는 고구마, 감자 그리고 난로 위에 얹은 주전자에서 새어나오는 하얀 수증기는 그야말로 난로가 주는 선물이라 할 수 있다.

사람들은 왜 캠핑을 좋아하는 걸까? 예전의 바닷가 텐트촌이나 등산로 야영장과는 다르게 요즘 캠핑장은 캠핑 자체를 주목적

캠핑장

으로 한다는 사실에 유념해야 한다. 텐트촌이나 야영장이라면 수영을 즐기고 등산을 즐긴다고 하면 된다. 그런데 캠핑장에선 대체 무엇을 즐기는 걸까?

이 질문에 대한 좋은 대답을 하고 있는 광고를 안다. 캠핑 장비를 만들어 팔고 있는 어느 회사의 광고다. 그 광고에선 한 여자가 캠핑을 가니 아이가 달라졌다고 말한다. 스마트폰에만 빠져 있던 아이는 모험대장이 되기도 하고 또 수다쟁이가 됐단다. 아이들만 변하는 게 아니다. 남편 역시 일상 속에서 보던 남편이 아니다. 쉬는 날이면 소파에만 늘어져 있던 남편. 그 남편이 무거운 장비를 옮기고 장작을 패 화목난로를 피우고 있으니 사뭇 다르게 느껴질 수밖에 없다.

바로 이런 것이 캠핑장이다. 아이가 달라지고 남편이 달라지면 당연히 부인도 달라지게 된다. 캠핑장에선 가족 모두가 다른 사람이 된다. 캠핑장에서 가족 구성원 각자는 일상 속의 내가 아닌 '다른 나'가 되어보는 기회를 가진다. 이것이 바로 캠핑이 라운징이 되고 캠핑장이 라운징 공간이 되는 출발점이다.

캠핑은 참여자 간에 공동체 의식을 형성시키는 데 매우 효과적이다. 캠핑을 하다 보면 별로 친하지 않았던 사람들과도 쉽게 친해질 수가 있다. 가장 직접적인 이유는 생존을 위해 꼭 필요한 행위들을 서로 분담해 풀어가야 하기 때문일 것이다. 텐트를 치고 밥을 하고 모기 같은 벌레나 때론 별로 그럴 일이 없겠지만 인간에게 해를 끼칠 수 있는 짐승의 침입을 막는 일 따위가 캠핑에선 필요하다. 같은 필요와 같은 목적을 위해 공동의 보조를 맞춰가는 행위 속에서 캠핑 구성원들은 자연스럽게 공동체 의식을 나눠가지게 된다.

가족 구성원이 프라이버시를 찾아 각자의 방으로 기어드는 것은 타성에 젖어서가 아닐까. 타성에 젖는다는 것은 자신이 어떤 외부적 힘에 의해 밀쳐졌다는 걸 기억하지 못하고 있는 상태를 이른다. 이들에게 기억을 되돌릴 만한 큰 사건이 일어나지 않는

한 이들은 그대로 변함없이 살게 될 것이다. 프라이버시를 찾아 각자의 방으로 스며든 남편과 부인과 아이들은 자신들에게 강요된 프라이버시를 스스로 좋아하는 것으로 착각하며 살고 있는 건 아닌지 의심해볼 필요가 있다. 사실 그들에게 필요한 것은 프라이버시가 아니고 가족 구성원들 간의 공동체 의식이다.

캠핑이 가족 구성원들 간에 공동체 의식을 나눠 갖기에 좋은 기회가 된다는 것은 말했듯이 무언가 공동의 필요에 의해 공동으로 작업하면서 호흡을 맞추기 때문이다. 그런데 그것만 있는 건 아니다. 캠핑을 위한 숙소인 텐트라는 공간의 특수성도 작용한다.


## 최소한의 공간

텐트란 어떤 공간인가? 최소한의 공간이고 일시적인 공간이다. 텐트 안에 들어가서 잠을 잔다는 것은 뭔가 특별한 느낌을 가지게 해준다. 그 특별함에 대해선 모기장을 떠올려보면 된다. 40대가 넘은 이라면 쉬이 공감할 것이다. 어린 시절 모기장 안은 또 다른 세상이었다. 밖이 내다보이는 투명한 껍질을 가진 세상. 모기장 안에 가족들과 나란히 누우면 모기장 안은 오로지 그 가족만의 세상이 되었다. 가족의 프라이버시가 넘치는 그 공간은 더 없는 편안함을 안겨줬다.

군이 넓은 공간을 마다하고 최소한의 공간을 찾아 들어가는 것은 사람들의 일반적인 심리다. 공동체 의식을 공유하지 않는 사람들의 침입을 막는 절대적인 방어선인 셈이다. 공간이 넓으면 불안감이 생기기 마련이다. 나와 공동체 의식을 공유하지 않는 사람들을 효과적으로 밀어낼 수 있는 최소한의 공간은 누구에게나 필요하다.

이런 공간의 또 다른 예로 침대 위에 설치하는 장막을 들 수 있

침대 휘장

대웅전 닫집 속의 불상

다. 아주 넓은 침실을 사용할 수 있었던 왕이나 귀족들은 침대 위에 장막을 설치해 잠자는 공간을 최소화했다. 아무리 집이 화려하고 넓다 해도 사람을 안전하고 편안하게 느끼게 해주는 공간은 바로 최소한의 공간인 것이다.

안에 있는 사람을 가장 효과적으로 보호할 수 있는 최소한의 공간에 대한 집착은 불교 사찰에서도 나타난다. 대웅전에 있는 불상을 한번 떠올려보라. 대웅전이라는 공간 안에 별도로 또 닫

집을 두어 받들고 있다. 최소한의 공간에 대한 인간의 선호가 이 닫집에 반영된 건 아니었을까 싶다. 대웅전이라는 화려한 공간 안에 또다시 닫집을 지어 불상을 감쌈으로써 더욱 존재를 드높이 고자 한 건 아닐까라는 생각을 해본다.

텐트는 최소한의 공간이다. 텐트 안에 있는 가족은 쉽사리 하나가 된다. 그러면서 프라이버시는 개인 프라이버시만 있는 것이 아니라는 걸 깨닫게 된다. 텐트 안에 들어앉은 가족은 텐트 밖 세상으로부터 그들의 프라이버시를 획득하고 텐트 안에선 함께한다는 공동체 의식을 공유하게 된다. 이로써 가족은 캠핑장에서 라운징의 두 번째 요소, 즉 사회적 교류의 양을 필요한 수준으로 조절하는 기쁨을 맛볼 수 있게 되는 것이다.

EPILOGUE

홀로,
또 함께
라운징하라

## 여가 그리고 라운징 공간의 확대

현대인을 위한 여가 시간이 점점 더 늘어나는 추세다. 여가 시간이 길어지는 것은 좋은 일임에 분명하나 우리가 잘 활용하지 못하면 그것은 있으나 마나 한 그저 무용한 시간이 될 수도 있다. 일하는 것은 분명 아닌데 그렇다고 쉬는 것도 아니요 노는 것도 아닌 그런 상태에 빠져들 수 있다는 것이다.

여기 30대 중반의 직장인이자 미혼인 어떤 남녀가 있다. 그들은 애인도 없고 친구도 별로 없다. 심신을 불태우며 놀 만한 일도 없다. 매주 돌아오는 이른바 '불금'이라 불리는 금요일 저녁 그리고 주말이 이들에겐 결코 기다려지는 시간이 아니다. 홀로 감당해야만 하는 고독한 시간일 뿐.

이들에게 만약 여가 시간이 한 달 정도 주어진다면 어떨까. 감당할 수 없는 그 무료한 시간을 견디지 못하고 이들은 그만 미쳐버릴지도 모른다. 이때가 바로 라운징의 기술을 발휘할 때다. 카페에서부터 시작해보자. 아주 간편한 차림으로 카페에 들러 커피라도 한잔 마시면서 창밖을 내다보자. 그리고 머릿속으론 라운징할 수 있는 공간들을 떠올려보자.

도서관 서고를 가봐도 좋을 것이다. 아니면 공항 라운지나 박물관은 어떠한가. 실내가 답답하다면 밖으로 나가도 좋다. 캠핑장 같은 곳에서도 라운징의 만족감을 찾을 수 있다. 조각난 여가 시간을 이어붙일 능력이 없다면 우리는 둘 중의 하나를 선택해야만 한다. 무료함 속으로 침잠할 것인가, 아니면 라운징을 할 것인가.

라운징은 정신적 휴식뿐 아니라 창의적 사고를 발휘하는 데도 도움을 준다. 특히 창의적 사고를 중요시하는 일터의 환경은 점점 라운징 공간을 닮아가고 있다. 산업구조가 고도화된다는 말을 자주 사용한다. 3차산업 또는 지식기반산업의 비중이 늘어날수록 라운징 공간을 닮아가는 일터가 점점 더 늘어나게 될 것이다. 일의 속성이 변화하고 있음에도 불구하고 여전히 기존의 업무 환경과 일처리 방식을 고집한다면 일의 효율은 떨어지고 정신적 피로는 가중될 수밖에 없다. 라운징이 일터에까지 확대되는 것은 아주 자연스러운 일이다. 머지않아 구글의 업무 환경이 기존의 그것처럼 너무도 당연하고 또 익숙하게 느껴질 날이 올 것이라 믿는다.


## 정신적 휴식과 더불어 건강한 삶을 위한 라운징

뉴욕으로부터 서쪽으로 150킬로미터쯤 떨어진 곳에 위치한 작은 도시 로제토는 장수마을로 유명하다. 이탈리아로부터 건너온 사람들이 1800년대 중반부터 자리잡으면서 시작된 이 도시는 공장에 고용된 직원들이 주로 거주하는 소도시다. 인근의 다른 도시와 비교해볼 때 경제 사정도 좋지 않고 문화생활을 비롯해 여러 모로 낙후된 지역이다.

장수와 흔히 연관되는 환경인 위생 상태가 좋다거나, 먹는 음식이 특별하다거나, 또는 공기나 물이 좋다거나 하는 것들 중 그 어느 하나도 이 마을엔 해당되지 않는다. 그리고 마을 사람들의 건강검진 결과 이들이 유전적으로 그리 좋은 기질을 보유하고 있지도 않은 것으로 나타났다. 또한 소식小食이나 규칙적인 운동 등 건강을 위해 특별히 공유하는 생활습관도 발견되지 않았다. 연구를 통해 그 이유를 밝혀내기 전까지 이 마을 사람들이 장수를 누린다는 점은 그저 기이한 현상으로 여겨질 뿐이었다.

오클라호마 의대 교수 스튜어트 울프Stewart Wolf는 우연한 기회에 이 마을에 관심을 가지게 된다. 그의 관심을 끈 것은 이 마을 사람들에게선 그 당시 미국 사회에 만연한 심장병 환자가 거의 발견되지 않는다는 점 때문이었다. 이 마을 주민들은 흔하게 걸리는 심장병에서 자유로울 뿐만 아니라 특별한 질병으로 사망하는 경우가 매우 드물고 대체로 천수를 누리고 있었다. 그는 대체 어떤 이유로 이 마을 사람들이 다른 지역에 비해 건강한 삶을 누리는지에 대한 연구를 시작한다.

상당한 연구 기간과 연구비를 사용한 울프 교수는 연구 결과를 보고해야 할 시점에서 적잖은 고민에 빠지게 된다. 장수의 원인을 밝혀내지 못했기 때문이 아니다. 울프 교수가 고민에 빠진 것은 연구 결과 로제토 마을 사람들이 건강한 삶을 누리는 이유가 매우 특이했기 때문이다. 울프 교수는 이 마을 사람들이 유사한 조건을 갖춘 타 지역 사람들에 비해 건강하고 긴 수명을 누릴 수 있는 것은 이들이 바로 '수다'를 많이 떨기 때문이라는 결론을 내렸다. 울프 교수는 자신의 이런 연구 결과에 자신이 전혀 없었던 것은 아니었지만 그러한 결론이 사회 통념적으로 쉬이 받아들여질 것 같지 않아 고민을 했던 것이다. 하지만 그는 결국 이 연구 결과를 정식 연구 논문집에 발표하기에 이른다.

로제토 마을 사람들이 수다스러운 것은 두 가지 요인에 기인한다. 하나는 이 마을이 우리나라로 치면 일종의 동성마을과 비슷해 마을 사람 모두가 서로 잘 알고 지낸다는 것이다. 다른 하나는 마을의 구조가 남의 일에 '참견하기 쉬운' 공간 구조를 가지고 있다는 것이다.

참견하기 쉬운 공간 구조라 하면 언뜻 담장이 없거나 넓은 창을 취하고 있는 개방적인 주택들을 떠올릴 수도 있다. 이런 것도 개방적인 공간 구조의 특징이긴 하지만 또 한편으로 파악해봐야할 것은 바로 서로의 영역이 배타적으로 존재하지 않고 중첩되어 있는가 여부다. 다시 말해 하나의 공간이 여러 사람 또는 여러 가족의 공간으로, 즉 공유되는 구조를 가진다는 것이다. 이렇게 공유되는 공간엔 여러 다양한 개인이나 가족이 스스럼없이 드나들 수 있고, 그러다 보면 잦은 만남이 이뤄지기 마련이다. 또 그러면서 자연스럽게 서로 간에 많은 대화를 나누게 되는 것이다.

그러므로 로제토의 경우 마을 전체가 라운징 공간이라고 생각하면 된다. 로제토 마을 사람들은 라운징 공간 덕분에 '수다'를 많이 떨게 되고 그로 인해 장수를 누린다고 볼 수 있다. 물론 울프 교수의 연구엔 이 마을이 라운징 공간으로 작용해 '수다'가 가능하다는 내용이 포함돼 있진 않다. 수다가 많이 일어나는 동기인 마을 공간의 구조적 특징을 그저 간략히 설명하고 있을 뿐이다. 하지만 건축을 전공한 필자의 눈엔 그곳이 분명 라운징 공간으로 읽혀진다.

자신만의 라운징 공간을 많이 찾아내고 그곳에서 라운징 시간을 보내는 것은 현대인이 정신적 피로를 회복하는 데 좋은 방법이 되리라 믿는다. 한 걸음 더 나아가 건강한 삶을 누리기 위한 비방이 될 것도 같다. 지금 당신은 혹 카페에서 이 책을 읽고 있는가? 눈을 돌려 한번 주변을 둘러보라. 당신 말고도 이 공간의 주인이 되어 마음껏 휴식하는 다른 사람들을 볼 수 있을 것이다. 당신은 벌써 은연중에 그 카페에 온기를 퍼뜨리는 따뜻한 존재가 되어 있는지도 모른다.

**몸과 마음을 살리는**
**행복공간 라운징**

제1판 1쇄 인쇄 | 2015년 5월 18일
제1판 1쇄 발행 | 2015년 5월 26일

지은이 | 이상현
펴낸이 | 고광철
펴낸곳 | 프런티어
편집주간 | 전준석
편집 | 황혜정 · 마수미
기획 | 이지혜 · 백상아
홍보 | 정명찬 · 이진화
마케팅 | 배한일 · 김규형
디자인 | 김홍신

프런티어

주소 | 서울특별시 중구 청파로 463
기획출판팀 | 02-3604-553~6
영업마케팅팀 | 02-3604-595, 583 FAX | 02-3604-599
H | http://bp.hankyung.com    E | bp@hankyung.com
T | @hankbp    F | www.facebook.com/hankyungbp
등록 | 제 2-315(1967. 5. 15)

ISBN 978-89-475-4013-1    03100